六度人脉

Six Degrees of Separation

李维文·著

CNS PUBLISHING & MEDIA 中南出版传媒
湖南文艺出版社
HUNAN LITERATURE AND ART PUBLISHING HOUSE
博集天卷
CS-BOOKY

● 全球最高效直接的人脉法则！改变1.6亿人命运的神奇力量！1本书1手册，手把手教会你扩展人脉、储蓄人脉、管理与经营人脉！并用人脉改变命运。

● 在二十世纪六十年代，“六度人脉”概念由美国心理学家Stanley Milgram提出并验证。所谓“六度人脉”也就是指：地球上所有的人都可以通过五层以内的熟人链和其他任何人联系起来。通俗地说：“你和任何一个陌生人之间所间隔的人不会超过六个，也就是说，只要你愿意，最多通过六个人你就能够认识世界上的任何一个陌生人。”

● 最初“六度人脉”只属于政治圈与财经圈里高端人物必用的成功法则。政客用它获得竞选资本，商人用它获取资源。到了后来，它以强大的趋势流行到美、加、英、法、德、意、葡、日、韩、丹麦、荷兰、巴西、爱尔兰、西班牙、澳大利亚、马来西亚等160多个国家。并开始进入我们每个人的生活。它小到改变我们每个人的命运，大到改变这个世界。

● 全球500强企业里有80%的企业的管理层都接受过六度人脉基础课训练，以便于他们用最短的时间丰富有效资源，找到想合作的那个人。西方越来越多的父母在孩子16岁后送孩子上六度人脉专业课，以便于孩子在进入社会前有意识地筛选与丰富自己的人脉库。

● 如今，许许多多的人利用六度人脉获得了成功，从世界首富比尔·盖茨到美国总统奥巴马；从传媒巨头默多克到国际巨星麦当娜；从股神巴菲特到华人首富李嘉诚……正如洛克菲勒曾说过的：“我愿意付出比天底下得到其他本领更大的代价来获取这种与人相识相处的本领。”而在好莱坞则流行一句话，“成功，不在于你知道什么或做什么，而在于你认识谁”。

● 斯坦福研究中心曾经发布一份调查报告，结论指出：一个人赚的钱，12.5%来自知识，87.5%来自人脉。掌握一度人脉的大多只是学生、普通职员。掌握三度人脉的大多能成为企业高管或公司老总，而掌握六度人脉的不是总统就是娱乐巨星。

● 《纽约时报》《人物》《时代》《环球时报》《华尔街日报》《今日美国》《新闻周刊》《芝加哥时报》《哈特福新闻报》《出版人周刊》《奥马哈世界前锋报》、CNN、NBC、CBS、ABC等全球超过180家媒体推荐报道！

目录
Contents

引言
Introduction

不要让自己孤独地奋斗

这是一本改变全世界那些孤独的奋斗者人生命运的书。在全球化的今天，这个星球的经济总量和人口总量每天都在以惊人的速度暴涨，但人们却日益备感孤独。许多人都有这样的感觉：我好像变得越来越成功了，但我的朋友也越来越少了。交一个朋友是如此之难，以至于到处都充斥着教你怎样结交人脉的书。

人脉的本质并不仅是获得事业上的成功，还需要解决我们内心的情感释放。人脉从来都不是单向联系的，它是一张大网，连接着我们每个人的内心深处。在这张大网中，我们是其中的一个结，既是受益者，同时也应该承担助益的角色。

成功是什么？除了才华和天赋所带来的物质的收获，任何的成功还源于我们与他人的内心世界丰富的情感联系。所以本书在向读者介绍六度人脉理论的同时，也在阐述这样一个事实：如何才能建立自己的情感圈。根据自己的个性和特点，构建一个开放的属于自己的并主动伸展于无限空间的六度人脉网，扩大我们的社交范围，实现自己的职业发展。在本书中，我们就许多问题给出了具体的可操作的建议，比如你在一次会议、一次聚餐或者一次偶然联系中突破人脉瓶颈，以六维度的方法建立双方联结的技巧。

本书除了作者自身的经历和经验，也介绍了众多知名人士的社交案例，其中包括他的客户、合作伙伴、中外商界与政界的名流。以通俗易懂和深入浅出的方式，将种种事例和理论方法贯穿其中，读者阅读起来并不感觉晦涩，适合不同职业和年龄层的读者。

说到底，“六度人脉”讲的不是一种社交工具，而是一种关系哲学。在这门重要的人生哲学中，我们大体要做到三件事，才能顺利地展开自己的社交平台，并以此为依托，得到自己人生应得的回报。

1. 我们要有一个属于自己的“圈子”。

2. 真正高贵的品质是慷慨。

3. 了解你的使命，并形成自己的人生信仰和价值观。

许多人都问过我相同的问题：“李老师，六度人脉到底是什么？”还有一些经理人，他们在困惑于自己的人际关系处处受阻之余，不由得对我们的课程产生过高的期待。比如有一位纽约华人公司的销售主管，当他向我请教相同的问题时，天真地认为自己只需要结识六个朋友，他这一生就足够使用了。

这都是对人脉的本质缺乏认知的表现。要想知道六度人脉到底讲的是什么，我们有必要先洞察“人脉”是怎么回事。

一、根据形成的过程来划分人脉

如果根据形成的过程来对人脉进行区分，它大体可分为：

①血缘关系：由血缘关系构成的人脉，它可以是家族、宗族甚至是同一种族的关系，在固定或特定的情境中，与我们形成牢不可破的利益共同体。家族和宗族关系很好理解，就不细说了。种族关系往往表现在同一个民族内，当我们身处国外、身边全是外国人时，这种感受和需求就会格外强烈，我们自然而然地会主动去寻找华人，抱团生存，建立很团结的协作关系。

②地缘关系：因为居住在同一地域内形成的人脉关系。比如同乡之谊。这种关系因为所处地域的大小而又有不同，也受到地理远近的影响。

③同学关系：同学之谊，即是因为曾经共同在一块儿学习而产生的人脉关系。从小学到中学，再到大学，我们有很多同学。常有人说：“同学多了好办事。”就是这个道理。事实上，同学关系在六度人脉中经常扮演着极其重要的一个中间环节，在资源的共享方面，它的价值远远超过了血缘和地缘关系。因为同学关系往往分布在全国各处，这就有了地利上的便宜，你在此地没有的关系，处于此地的同学却可能帮

你解决。所以，处好同学关系，我们就很容易突破关系圈的局限，更方便地跳进另一个关系圈。

④同事关系：一起共事和同在一家公司工作而产生的关系。同事关系并不仅局限于紧密长期的同事、上下级隶属关系，短暂的协作处理事务的经历也能让你和合作者产生良好的沟通，从而建立人脉。在这方面，最常见的是临时成立的项目小组、谈判小组，虽然在任务完成后，大家就各自回归原位，但这段美好的回忆以及曾经的良好合作，却能让人们因此收获一段友情，并拥有了一些额外的人脉。

⑤客户关系：客户是我们非常常见的人脉渠道，因为每个人在工作中都会与各类客户打交道。比如厂家、供应商、零售商、加盟商、合作商和消费者等。我们在与他们进行商务交易和往来的过程中，既互为顾客关系，又互为一种人脉，我们有机会与他们在生活中建立私人关系。要知道，涉及利益的来往时，更能快速和真实地考验着每一个人的能力和品行，让你无所遁形，优点和缺点都在对方眼中展露无遗。如果我们能在客户关系的处理中投入自己的诚信，展示自己的人品和价值，对于积累自己的人脉资源是非常有帮助的。

⑥随机关系：除了上述固定的各种关系类型，最后一种关系属于随机和不确定的人脉，是相对于陌生人而言的。正因为它是针对陌生人群体的关系类型，因此就具备了更广阔的空间和开拓的必要。比如一次短暂的聚会，一次真挚的邂逅，让我们结识了某一个对我们来说很重要

的人。你可能正是这样才认识了你的妻子、丈夫、现在的老板。在处理这类关系时，需要你能够抢抓机遇，善于表现自己，懂得换位思考，注意给对方留下好的第一印象。或许只是一次不经意的表现，你的人生或事业从此就会与众不同了。

二、根据所起作用的不同来划分人脉

视关系对我们起到的价值，又可以作大量的细化。一般来说，我们可以统一划分为政府人脉、金融人脉、行业人脉、技术人脉、思想人脉、媒体人脉、客户人脉。这是社会性的人脉区分。在具体的工作中，又可以分为高层人脉（老板和上司）、低层人脉（同事和下属）等等，不一而足。

三、根据重要程度的不同来划分人脉

如果将自己的人脉资源进行重要程度的区分设定，它大体可以划分为下面这三层等级：

①核心关系：最重要的人脉莫过于，他们对你的事业和生活能起到核心、关键、重要和决定性的作用。这类关系根据他自己目前所处的位置、事业阶段以及未来发展方向的不同又有很大的区别。如果你是一个营销部门的经理，那么你的核心关系就是你的顶头上司、老板、关键的同事和下属以及重要的客户，因为他们决定着你在公司的业绩，影响

着你事业的未来发展。

②紧密关系：在我们核心关系的基础上，扩展开来，就是紧密关系的范围。他们一般和你平级，是比较紧密的合作者，或是同事、其他部门的领导、公司的董事会成员、次重点的客户、一般下属，以及影响自己的老师、朋友和同学等。当然，这个范围内，还包括亲密的家人及亲属。

③松散和备用关系：松散和备用关系，一般是指那些现在还未对自己造成重大影响、但将来可能会派上用场的人脉资源。比如有发展潜力的客户、同事、下属、同学或朋友。他们一般存在于我们的联系录中，或在我们的重点观察之中，但却暂时不需要投入太大的精力与成本进行结交。

四、根据动态变化的状态来划分人脉

①现在进行时关系：现在迫切需要及利用的人脉，他们对于目前我们的工作、生活十分重要，与我们有着密不可分的关联。

②将来时关系：计划公关的人脉，或是那些将来有可能用到的关系。他们一般以潜在客户（消费群体）、不太熟的同学、朋友正向你介绍的关系为主。

在对基本的概念进行了详细了解之后，最重要的是如何进行六度人脉资源公关的规划。没有计划的行动是盲目无知的行为，在人脉拓展中这个道理同样适用。你想让自己在5年后拥有多大的成就，结交多少朋友，从现在起就应该开始布局和拓展，才能顺利实现自己的目标。

如果你现在没有为5年后作一份计划，制定一个目标，那么5年后你可能还处于现在的阶段，总是临阵磨枪，遇事无人帮忙，过得窘迫而尴尬。早一点儿为自己的人脉网络进行规划，几年后你就会发现，身边到处是可以随时对你进行协助的专业人士。只要你一个电话，就有人出手解决你遇到的棘手问题，让你化险为夷，转危为安。

为了避免自己始终在原地踏步，我们在制订计划时，还要注意一些非常基本的要素。计划应该是详细科学与客观合理的，它必须能够解决我们的现实问题，对自己的生活和工作进行全面检查，改善缺点，发现自己的优势。在这个过程中，我们须提出一些问题，然后逐一进行解答。

第一，你必须明确自己的事业规划。

我现在和将来的事业发展方向是什么？

我准备从事什么行业和进入什么类型的公司？

我是否准备自己创业，以及在哪个领域进行这方面的尝试？

我的事业生涯大体应该分为几个重要的阶段？

第二，你必须明确自己真正的人脉需求。

我现在的工作顺利吗，是我想要的吗？

我现在正得到的最有力的支持和帮助来自于哪些人？今后我还需要他们怎么帮助我？

如果我的工作现在不顺利，原因是什么？

如果不是我的能力问题，那么，是我在哪方面没有得到有力的支持？他们为什么没有帮助我呢？

为了实现我的事业目标，我需要哪方面的人脉资源？现在，我得到这些资源了吗？

我还需要开发哪些潜在的关系？

当你回答了上述两方面的各类问题，并得出了明确无误的答案，接下来，我们就要制订六度人脉经营的行动计划。在制订这项行动计划时，你应该注意以下几个问题：

1. 我们的人脉结构要合理，不能混乱。

在六度人脉的公关拓展中，注意结构配置非常必要。这包括性别结构、行业结构、学历与知识素养结构，还有高低层次结构以及现在和未来的结构等。

许多人之所以问题不断，需要时找不到合适的关系来帮助他，正是因为他的人脉圈子的结构太过于单一，使得自己的人脉质量很低。比如有些人，他们只重视在公司内部进行人脉公关，却忽视了公司外部的潜在关系，造成自己的圈子狭窄，信息闭塞。还有些人，他们只重视当前的人脉资源，却忽视了对于未来的潜在人脉的拓展与储备。结果就会随着自己事业的发展，环境的变化，在关键时刻出现人脉资源突然短缺的情况，让自己陷入困境，只能临时抱佛脚。但这样做的效果可想而知，很难顺利地解决问题。

2. 我们的人脉储备必须兼顾事业和生活两方面的需要。

人生并非只有事业，朋友也不可能只有客户与同事。有些人脉，他们可能在事业上帮不上什么忙，但在生活中却是非常好的朋友，能够与你进行心灵的互动，甚至还是双方实际生活中的好邻居、好知己。对于这样的关系，我们更不应该忽视。

3. 我们的人脉储备必须平衡财富和心灵两方面的共同要求。

如果你的人脉都是基于名利交换的，那么你就等于忽视了人际交往的本质，生活中将难以得到快乐与幸福。我们每个人都要有一两个真性情的朋友，他们不贪图你的财富，只是跟你进行心灵方面的交流。当你成功时，他们为你喝彩；当你得意时，他们会对你提出忠告，让你瞬间清醒；当你失败时，他们能够耐心地坐下来，倾听你的苦恼，安抚你的情绪。这样的朋友，成功时他们与你一起分享，挫折时他们可以和你一起分忧。还有一种朋友，更是我们必需的，那就是“忠言逆耳”的诤友，他们喜欢跟你抬杠，指出你的缺点，总与你的观点相左，但却是真诚的。你能够从与他们的相处中，冷静地看到自己的不足，从而让自己更加完善，避免犯下不可挽回的错误。

4. 我们的人脉储备还要注意一些高层次的关系。

我们应尽可能多地结交那些有助于我们心智提升的人脉。他们或是专家、学者、教授，或是某一方面的实战高手，有经验的老者。定期跟这类人交流，将使我们终生获益。因为对于有些让我们百思不解的难题，他们只需要几句话，可能就能让我们走出迷津，恍然大悟。

总而言之，六度人脉理论并不仅是一种人际关系的开拓工具，而且还是基于我们人生成长和完善需求的一种关系哲学。我们需要确定自己未来的人生之路、事业规划，并评估当前的现状。明确了关系需求，才能去遵循六度分割理论，设计自己的人脉结构，制定规划，并采取有效的行动，才能最终成就自己。

在本书中，对于这些众所周知的难题，您都能得到满意的答案。

前言
Preface

赢在六度

人们总是希望在这个世界上获得意料之外的成功。尽管大多数人——包括我自己，时常为了计划中的目标都无法完成而苦恼不已。

人们渴望被关注，成为人群中的闪亮焦点。确切地说，我们都希望拥有强大的人际资源，在需要的时候，随时随地得到免费帮助。我们应该是事业强人，人际场上的明星，无论何时都聚揽光华，荣耀无比。

可是，现实的堡垒坚硬无比，你发现向外面伸出手很容易，得到回应却很难。“我想认识你，但你收不到。”多少人想对心中的偶像说，“我们像隔着一座山，无论如何，注定终生无法相遇”。许多人因为绝望，放弃了向前的梦想和努力的企图，缩闭在一个小圈子内，一生碌碌，无所作为。

真的很难吗？如果你理解了六度人脉的本质，你就不会这样觉得。

首先，六度人脉讲的是人脉的动态经营，而不仅仅是一种静态的资源。

就像我们工作的最大收获，不是赚了多少钱，积累了多少经验，赢得了多么大的名声，而是认识了多少朋友和建立了多少关系。这种资源的价值在于，它不但对你现在的工作有很大的帮助，即便以后离开了这个公司，还会对你的人生发生作用，成为你继续得以受益的重大资本。

人脉如果是用来储藏和封存的，它将毫无价值。这和我们在银行的存款是类似的，从不使用的钱除了一堆数字之外没有任何意义，只有流动起来，它才会创造更高的价值。

我们不断经营人脉和拥有更多资源，不是为了炫耀。当我们在工作或创业的过程中遇到什么困难时，你该知道应打电话给谁，或者通过谁才能找到关键人，联系到相应的资源。这才是六度人脉真正的目标。

其次，六度人脉并不等同于一般意义上的人际关系。

我们都明白人际关系是怎么回事。六度人脉当然与人际关系有着千丝万缕的联系，但它们本质上并非一回事。人际关系通常意味着一个个分散的点，六度人脉则是将这些关系串联起来，编织成一张大网，形成一个无所不及的面。说白了，人际关系只是六度人脉的一部分，是它得以施展身手的基本材料。前者是子弹，后者是过程，两者互相结合，才能帮助我们编织一张有效而丰富的人脉网，使我们的生活和事业遍地开花。

最后，六度人脉是信息和价值的传递，而不是帮助你展示自己的名片。

信息是决定胜负的关键，如果你在这个时代拥有了无限发达的信息，你就拥有无限发展的可能性。信息来自哪里呢？它来自于我们的人脉网和对于人脉的经营能力。我们的人脉有多广，信息就有多么丰富。六度人脉是帮助我们传递信息和相应价值的最佳工具，但这并不是让你展示一下名片、告诉对方你有多么出色这么简单。

如果你了解了龟山太一郎的例子，对此就能很好地理解。龟山太一郎是日本三洋电机的总裁，他最拿手的就是收集和传递信息，在这方面他别具只眼，并自创了一套“情报槽”理论，用来概括这个过程。

他说：“信息从来都是从人的身上加以汇集，并对它们进行建档。既可活用，又能引起对方的回应。就像我们将一条活鱼放回到鱼槽中，我们把情报养在情报槽里，才能随时吸收到足够的营养。”

龟山太一郎的这段话，实际上就讲到了六度人脉动态经营的特点。信息必须在人们之间传递和不断增强，并最终反馈到自己这里，才会体现它最大的价值。在不同的人与人之间，如果只有单对单的点的联系，是无法释放它最大能量的。

另一位知名的日本人，日本前外相宫泽喜一在这方面也有出色表现。他有一个闻名世界的“电话智囊团”，就是当他碰到记者穷追不舍的提问时，往往会要求对方给予自己一个小时的时间来进行考虑。宫泽喜一利用这一个小时，用打电话的方式充分咨询他的智囊团成员，然后汇总得到的信息，取精华，弃偏颇，拿出最佳答案进行回复。这便是信息整合的价值。

简单一点概括，我们完全有理由认为，一个人思考的时代已经过去了。现在，工作成败的关键，取决于你是否建立了品质优良的人脉网为你提供信息，传递和增强价值。在这个过程中，你和我都希望拥有无数多的贵人，让他们成为我们人生的翅膀。这恰恰又是六度人脉拓展的重大目标之一。因为这些成功者是我们人生道路上的宝贵资源，可以帮我们打开机遇的天窗，大大地缩短我们成功的时间，提升我们做事的速度，让我们少走许多弯路，从而能够在短时间内做成更多的事情。

你相信个人奋斗的奇迹吗？总之我对于那些白手起家单枪匹马创下一番霸业的神话并不相信。这样的神话传说充满了太多的假象，很容易欺骗初创业者和人脉积累并不深厚的人。

成功的本质不是英雄主义，而是团体协作。这个世界上没有任何一个人，是完全依靠自己的能力成功的，就连比尔·盖茨也不可能。盖茨在他20岁时签到了自己的第一份合约，这份合约是跟当时全世界排名第一的电脑公司IBM签下的。他当时如何说服了IBM？如果你觉得他仅靠诚意和才华这两样东西就做到了这一切，那就大错特错了。真正的能量来自于他的母亲——IBM公司的董事会董事。

另外，六度分割理论告诉我们的，也许并不是你通过某个数字就能实现一些重大的愿望，比如只消经过两人就可以跟布什握手，与苹果公司的高管共进晚餐，或是只付出了少许的努力便获得了某些世俗成功，而是为我们证明了人的自信与聪慧的结合所能产生的巨大力量。

当你相信只消小小六步，便可认识这颗星球上的所有人时，以及你为此作出卓越努力并颇有收获时，亲爱的读者，生活中还有什么难题是让你愁眉不展的呢？要知道这是无数成功者和名流人士为之狂热的理论，不管是数学家还是电影演员，都想在自己的身上实践这一定理。

伟大的微软公司也曾宣布，他们证实了六度分割理论的真实存在。2006年，微软人员通过一项MSN网上消息传递试验的研究表明：任何两个人平均需要6.6个人搭桥，就能建立联系，中间值是 7 个人，最多的则是29个人。

实际上，在平时的工作和生活中，我们每个人都在运用和实践这一表述人际动态过程的理论，只是没有意识到它与6这个数字有关。或者在认识到它的必要性之前，并没有科学合理地使用，以提升效率。

事情总是如此，我们在用笨方法做一件事情，潜意识深信它的逻辑一定如此：我通过某些步骤，就能将一扇窗子打开。我们没有明确的概念去归纳开窗究竟需要哪几步，但对于速度和效率上的渴求是如此强烈。

理论上说，我和现任美国总统奥巴马之间只相隔了五到六个人。如果我的方法得当，中间的数字还可能减少。对于你来说，亲爱的读者，事实也同样非常简单。当你懂得运用六度人脉理论对自己的人际关系进行有效的管理和积极的开拓时，你将体验到自己在人脉交际领域神奇的进步，不需要去读更多的枯燥的成功学书籍，就能迅速发现人际关系的本质：怎样建立牢固的联结。

为了帮助各行各业的读者运用六度人脉理论的效用最大化，使自己的价值在做六度传递的过程中表现得更加强大，本书将介绍人际关系拓展的广泛技巧，以使我们的努力产生人际交往互动连乘的效果。我们将结合具体的通俗易懂的案例，帮助您熟知人脉自身的法则，去建设陌生人社会的六度人脉网，开发潜藏在我们身边的隐形资源。

请相信，每个人若能识破此中玄机，身体力行，就定可实现这一目标。

无所不达的六度人脉网

Part 1

只要你想并且能通过正确的方法找到，就可以突破人际之墙，以最快的速度和最短的距离伸手抓住那个人，如同发生了时空扭曲，一张纸被折了起来。于是，处在最远两端的两个点，它们的距离此时就几乎化为零了。

◎赢家的武器：六度分割理论

很多人都听说过一个由数学领域引发的猜想，如果他是一名人脉学“粉丝”的话，对于“Six Degrees of Separation”这一短语并不会陌生。翻译成中文，就是六度分割理论。有时，我们也称它为六度空间理论或小世界理论等。

实际上，你如果想成为一名人脉场上的赢家，就无法忽视这条理论的重要性。如果你想拥有最快地结识最有用人脉的办法，你的大脑一定离不开“六度思维”。

简述之，我们和处在世界任何一个角落的陌生人之间所间隔的人不会超过6个。你最多通过6个人，就能够认识他们，与之搭上关系。这个“他们”，包括美国前副总统切尼、李嘉诚，或者好莱坞著名导演斯皮尔伯格。

当我初次接触到这条人脉真理时，我还在长江实业集团做一名普通的销售，后来我成为长江实业集团在九龙地区名气最大的销售经理。有一天，我在街头因为一次被拒绝而愁眉苦脸，一个潜在的大客户，很有可能购买而且也很需要我们的产品，但我却苦于上门无术，每次递上名片，都被他警惕的眼神和不屑的表情拒之门外。我很沮丧地站在公主大道的报亭边，忘记了吃午餐，头疼地琢磨下一步的拜访计划。这时，我看到了介绍“Six Degrees of Separation”的一本普通杂志。

“任何两个人建立一种联系，最多只需要六个人？”

多么神奇的理论！六个人就可以让全世界认识你！结合我当时的处境，我顿时就被吸引住了。它源于美国的社会心理学家米尔格伦（Stanley Milgram）在上世纪六十年代的“发明”，他仿佛不停地在告诉我：李维文，你想敲开那家大客户客厅的门，安心地坐在那里和他喝茶聊天，然后向他提出购买你们产品的计划吗？其实这一点儿都不难，你最多只要找到四个人就可以了，在你们中间的四个人。只要你有这样的渴望，你想认识某一个人，找到四个人就一定能做到。不论你和这个人是否相识，不管生活在地球上任何一个偏僻或相距遥远的地方，在你们之间，只有六度分割。

我买下了这本杂志，抛开杂念，坐在路边的一家快餐店专心地把它看完。我从中获取到的并非某种立刻助我一臂之力的详细方法，而是信心。我可以做到，不是没有希望，而是希望非常大。我就像被人从快淹没头顶的水塘中拉了出来，并告诉我爬出公关泥潭并不困难，只要你可以确定从水底到池边有几级阶梯，然后就可以屏住呼吸从容攀登。

接下来的两个小时，我做了两件事。第一件事，我不停地打电话，联系我的朋友、同事、家人，我问他们："你们听说过张先生吗？就是那位在九龙地区做水阀生意的张伦基先生，他家住在公主道。"很多人都茫然地告诉我"No"，直到有一个远房亲戚想了好久跟我说："啊，就是彼特张啊，他以前很穷的时候，和我一个发小是很好的朋友，听说他们是点过香磕过头的好兄弟，但不知现在还有无通联？"

我激动地挥舞拳头，随后做了第二件事，我请求这位亲戚联系他的发小，以一块儿吃饭的名义为我创造一次会面的机会。他犹豫了一下但还是答应了，很上心地帮我联络，当然费了一番周折，但结果是好的。那位发小凑巧在九龙一家单位上班，听说了这件事，抽出时间赶过来，我们一块儿吃了饭，谈得十分愉快。

两天后，我的资料就通过那个人递给了张伦基，获得了他的重视（至少是获得了远超那些普通业务经理的待遇）。在那天的上午，张伦基的助理突然打来电话，约我去面谈。他专门为我留出了足够的当面推介产品的时间，之后经过几次详细的考察介绍，我拿到了这家公司的订单。

很显然，我成为这一次营销案例的大赢家，不是因为李嘉诚和我背后的集团的影响力，而是我成功地找到了那个可以将我跟客户连接起来的关键的人！我甚至只用了两个人，就达到了目标。

我还可以讲一个故事，用来向你们介绍六度分割理论的神奇与实用之处：

几年前，一家德国报纸接受了一项艰巨的挑战，要帮助法兰克福的一位土耳其烤肉店老板找到他和他最喜欢的影星马龙·白兰度之间的联系。这实在很难，如果你乍一听的话，就像现在让你列举自己和奥巴马之间的人际联系，你可能会惊掉下巴或迸出眼珠。但是结果会让你信服，因为经过了几个月，报社的员工发现，这两个人只是通过了不超过六个人的私交，就建立了人脉。这家烤肉店的老板是伊拉克的移民，他有个朋友住在加州，刚好这个朋友的同事，就是电影《这个男人有点色》的制作人的女儿在女生联谊会的结拜姐妹的男朋友。

知道谁主演了这部片子吗？正是马龙·白兰度。

米尔格伦在向我们证明该理论时，设计了一个连锁信件实验。他将一封信件随机发送给居住在内布拉斯加州奥马哈的160个人，在信中放了一个波士顿股票经纪人的名字，要求每个收信人将这封信寄给自己认为可能比较接近那个股票经纪人的朋友。他们的朋友收信后也照此办理。最终，大部分的信都在经过了五六个步骤后，就抵达该股票经纪人的手中了。

即便一个这辈子最不可能认识他的人，用这种方式与他建立联系，也只用了六个人。

这个连锁实验正是我们的六度人脉理论的客观和科学之处，它体现了一个很普遍的社交规律：社会化的现代人类社会成员之间，都有可能通过“六度空间”而联系起来，绝对没有联系的A与B是不存在的。每个人都被社会成员分割开来，在各种关系的笼内独立存在，但又同时被一条最快捷的链条所紧密联系着。

只要你想并且能通过正确的方法找到，就可以突破人际之墙，以最快的速度和最短的距离伸手抓住那个人，如同发生了时空扭曲，一张纸被折了起来。于是，处在最远两端的两个点，它们的距离此时就几乎化为零了。

◎关系的方向和传递

我会一直提到联系的效率，因为人脉的积累过程就像几个人聚在一起打牌。我们和“牌”之间有些信息需要传递，这点毫无疑问，结点在于如何传递，怎样更快地让自己掌握主动，识破玄机。有些人眼光独特，伸手一摸，把把都是老A或者大王；有些人可能整晚一无所获。眼光非常重要，但问题在于，我们有时难以判断一种关系的方向和它所传递的价值，因为我们没办法明确地预知未来，只能凭借经验、需求以及对于朋友的信任来作初步的“审核”和“决定”。

当你通过一度的人脉关系结识了新的朋友时，你常会先思考这样的问题：他是我想找的人吗？他可靠吗，不会骗我吧？

当方向出现错误时，你最终进入的可能是一场骗局。

当传递发生偏差时，你的关系输送亦会徒劳无功。

六度人脉的方向性的价值在于，它清楚地让你更加明白，即便你是在热情地交朋友，也不是每个朋友都可以为你带来意想中的“收获”。他们的人脉库中可能有新一代马云，再不济或许有你正急需的些许资源，但另一种可能是，你的这位朋友比你还需要帮助，他的“背包”内装的不是宝石，而是破烂——十几个上门向你求助但又无所回报的人。

对前者来说，人脉传递的维度是增强的，你的人脉会像股票或基金那样，实现正面升值。然而对于后者，你会发现认识他是一个严重的错误，对你要做的事是一次负面打击。

这里有两个重点，一是方向，二是传递。方向是你应该认识什么样的人，传递则是指你应该展示和发送的信息。结合起来，就是一个人脉联系的效率问题。我们通常说自己遇到了一位损友，那家伙简直离谱，除了借钱就是带一帮人到我家里蹭吃蹭喝，六七年了一直如此。在这漫长的时间里，你总在帮他解决各种麻烦，他从未对你的生活起过一丁点积极的作用，他是你最讨厌见到的人，就连你三岁的孩子都对他望风而逃：“看，那个倒霉叔叔又来了！爸爸，快关门！”

你会后悔当初为什么认识他，真不该向那个陌生人抛“媚眼”，和他坐在一个酒桌。当初主动向他搭讪、给他名片是这生最失败的决定，这让你的生活陷入了无穷无尽的苦恼——你成了他的“价值提款机”。

我曾经的上司秦先生到美国发展后，从费城来到华盛顿与我共进晚餐，其间他讲了自己的一段不堪往事。他的一位密友赵先生，五年前给他介绍了一名证券经纪人，一位号称可以在恒生指数的电子显示屏上跳舞的中年男人，专家中的权威，股民的大救星。秦先生像发现了新大陆一样将他视为这辈子最宝贵的挚友，一个让自己发财进而改变人生命运的人物。他在这人身上投入的成本足可以在现在的上海买一栋海边别墅了。但是两年前，秦先生的股票——全部的股票均化为乌有。确切地说，是没有一只股票能够为他带来半毛钱收益。

“钱都去了哪里？”

“号称专业人士的嘴巴，把它们全都吞了进去！”

秦先生哭笑不得，他发现自己遇到了一位伪专家和大忽悠。事实上，这类事层出不穷，你我都曾经有所偶遇。不知哪一天就会跳出一个人来，他号称是你朋友的哥们儿，你远房亲戚的某位生死之交。他一般还会具有下列几项特质：在某特殊机构任职，比如证券部门，实权政府机构；有着旁人不可及的能力，比如审批权、灵通的内幕消息、超强的投资眼光。总之，他可以把那些让你愁眉苦脸了很长时间的麻烦一扫而光，甚至还能让你从此一步登天，再也不必扮演庸人的角色。这就像是在寒冷的冬夜突然有一盆热烘烘红彤彤的火炭落到你身边，给你带来无穷的温暖。

还有比这更完美的人脉吗？你觉得人生的春天来了，许多梦想终于有希望了，但到最后你才发现，从一开始，你走向这支人脉的方向就是错误的。

你不要以为朋友的朋友就一定是你最佳的人脉，这不是假设，而是某种确定的事实。这关系到我们人脉的方向和传递问题。你跟某一个人可能拥有最好的关系，但和他的朋友就未必相处融洽。你也不要以为朋友的人脉就都是你的人脉，事实上还可能是你的敌人——他们对你一点儿兴趣都没有，这种概率不会低于50%。

我知道，现在很多人的嘴里最爱说的一句话也许就是“朋友的朋友就是我的朋友啊！”他们爱交朋友，这没什么，但他们不懂得如何才是善交朋友。扑克牌的背面都是一样的，只有抽出来看看正面，你才知道自己抽的大小，不是把牌握在手中，你就拥有了底气拿到了大王。

有一次，我在华盛顿的一个公关论坛上跟美国政坛著名的公关专家L先生交流时，就谈过这个问题。我认识的某A的朋友某B，是我非常反感的一个家伙，而且我的朋友里面还有个人某C对那个家伙某B更加痛恨。这使我在朋友的圈子内十分小心地处理着与他们的相处问题，我不敢在交际场合把某A和某C同时邀请到场，让他们任意联系。因为他们同时到场后，很可能的结果是某B和某C建立了联系就开始吵架，成为互相鄙视的仇敌，搅乱整个聚会的氛围，进而影响其他人的融洽关系。

结论就是：方向错误，意味着你结交了不该认识的人，你的生活很可能从此一团糟。

其一，通过朋友结识的人脉，不一定就能跟自己建立某种可期待的联系。

其二，我们未必要六面撒网，不妨先定向，再出手。

这要求我们，需要懂得积累传递能量的势能，一次只向一个方向释放能量。六面出击，不如一面抓紧。首先判断一个人是否可交，全方位对他进行“摸底调查”。你不一定要派出私家侦探，但搞清楚这人的真实面目，还是非常必要。确立了正确的方向，选对了人，你传递过去的信息才会经得起良性的双赢反应。否则，只有独赢这一种结果，而且是你输他赢的很难逆转的尴尬局面。

◎到达和建立联系的区分和不同价值

在我们试图建立和维护联系的过程中，成本分析（投入产出比）与维度（距离）的控制将成为重要问题。说到底，扩大自己的人脉范围不是一次可爱的儿童游戏。它是一种世俗投入，你为此付出了些什么，就总要追求产出，所以要考虑自己投入多少，产出什么；而在到达和建立联系的时候，对关系本质的区分又十分重要，因为不同性质的关系，带给你的价值也不相同。就像有人买一个苹果，是为了吃掉它，但有的人则是为了送人。有人想认识你，是为了做书友，交流读书感受；有人则是为了找你帮忙疏通，拿下某个工程。同一种关系，在不同的人手中，在购买和交易的过程中，体现出来的就是不同的价值。

因此，洞察人脉的关系和本质是绝对必要的，从而避免你的朋友对于人脉实质的误导，让你随波逐流，成为关系的奴隶，或白帮他人做嫁衣，赢得了关系，却失去了价值，有投入而无产出。

听起来复杂，但你看了下面的两条分析就明白了。

第一，到达和建立联系的区别——目的和结果的问题。

六度人脉理论希望在人们之间传递的是什么呢？这种传递它既是一种联系方式，又是一种朋友关系。但在我看来，其价值远不止于此。目的不同，结果也不一样。有些人互相认识，可能为了做心灵知己，但结果却成了利益之交，这就是关系结交的错位，建立联系的方向错了。

说到这里，我想提一下前面说到的连锁信件的实验，在那个实验里面，传递的实际上是一种信息，而不是朋友关系。关系总要建立在信息的基础上，后者决定前者的性质。很多人初次见到这个案例，都问我："这样就能交到朋友啊？"他们认为未免太容易了，并为此感到欣喜，因为每个人都有自己想认识却无缘得见的人。但我告诉他们："不，这样交不到朋友，只是传递了某种信息。只有这种传递过去的信息能够被接受并反馈过来，你们之间产生相互需要和吸引的磁力，才有可能建立朋友关系。"

朋友的价值，在于能够给你的信息，而不是你们这种关系本身。一个关系为你带来的，不是你想从他那里得到什么，而是你和他可以共同产生及创造的价值，即人脉的结合往往会产生某种核聚反应，向不同的方向和空间辐射，将你和他的人脉圈共同扩大。你们会有更大的交集，拥有更多的资源。这类似于中式汉堡店和烧饼店的合作，前者需要烧饼来做鸡蛋汉堡，后者的目标则是卖出更多的烧饼。

两个人都有需要，从而才能互相利用，这就是人脉的价值。在这个基础上，才能建立稳固的联系。

有个人曾经对我诉苦："我觉得我拿他当朋友、哥们儿，我对他特别好，一腔赤诚，两肋插刀，什么都能为他做，但我觉得他只是在利用我，口是心非。我们还是同事关系，他是我的上级，如果我做错了什么或者是说错什么话了，他的眼神给我的感觉就像是仇人，根本没有帮我的意思。"

这个人是华盛顿特区的一名华人警探，他入职已经两年，和上司的关系本来很好，但最近接连出现问题。当他说完这段话时，我知道他的问题出在哪里了——警探先生对上司的要求，是和他完美无瑕地做一对好朋友，结果却发现上司只是拿他当一名普通下属，可以在工作上利用的手下。这让他接受不了。

可是，他的上司有什么错误呢？上司很难将下属视做朋友，哪怕是一般的朋友也不太可能。这在任何公司都是普遍现实。你不可能抱着一颗交友之心去跟自己的上司甚至同事相处。这就是在到达和建立联系的过程中，华人警探的目的与结果出现了偏差。他为自己制造了一种错误的“环境”，天真地认为是对方在破坏他的价值观，扰乱他的人生。

如果你不能明白，摆不正位置，不能事先确定自己的目标，分析可能出现的结果，你就会发现事实如此严苛：交往了这么久，我原来看错了你！你不是我想象中和想要的朋友，不是我企图拥有的人脉！但真相却是，责任并不是对方的，一切只是你自己一相情愿。你买了一束花想去送人，最后发现这束花只适合摆在客厅，它是塑料做成的！我们在结交人脉的时候，本质类同于此。

第二，不同价值的区分——需求与人脉的判断和取舍问题。

我多次在公关培训中提到人脉库的分类建立。有位芝加哥青年对我说：“斯考特先生，我反省很久了，有时我很艰难地通过努力，终于和客户建立了联系，但发现他并不能帮助我解决订单问题。他不是我要找的人，他只能做些无关紧要的事。”

没错，这方面的经历，任何一名辛勤的销售员都曾经遇到过，包括那些寻求关系帮助的人。我在长江实业集团时，有一次想拿下九龙商城的一笔大单，在制定了目标后，就开始努力。

首先要找到一个在九龙商城可以对该事有决定权的经理，其次我要说服他，签下订单，从长江实业集团进货。我经过分析，认为商城后勤管理部的麦先生是最合适的人选和目标，他负责商城的采购工作，最近多次批进过类似的产品，在这项业务上的发言权和决定权当仁不让。

我跟头儿谈了自己的想法，他很支持，立马建议我去进行公关。过程大费周章，麦先生油盐不进，是一个很有城府的人，我从没见过像他这么具有强大防御力的公关目标。在我付出了很大的代价后，他终于答应和我“认真地谈一谈”这事。这时，半个月的时间过去了，车马费和其他成本都已经付出了不菲的数额。

我本以为大功即将告成，但在坦诚而详细的交谈过后，我却大失所望。因为麦先生明确地告知我，他对这件事没有决定权，只有建议权，真正决定采购与否的人，是九龙商城的副总吴女士，一位与老板关系暧昧的女人，香港商界的女强人之一。

“那您能帮忙联系吗？我愿重谢您。”

回答再次打击我：“不能，我和她的关系并不好，如果我提出建议，她反而不会考虑，请另寻高明。”

“之前几次采购呢，为何未被她否决？”

麦先生笑着解释：“有些产品，其实是她的采购意愿，但在我这里走了走程序。”

原来如此！这就是在进行关系调查时，我们很难从外界察知的被隐藏很深的内幕。因为忽略这些因素，我投入很多成本好不容易搭上的关系，出现了价值偏差。即，麦先生位高权重，但他却不能帮我这个忙。

如果你遇到这类问题，你会怎么决定下一步行动？

你要放弃麦先生吗？

当然不能，就像那位芝加哥青年一样，如果你就此认为这位先生没有什么价值，可以抛在一旁不予理会，从此成为陌生人了，那你将损失惨重。因为他不具备某方面的价值，却极可能在另一些事情上给你提供意想不到的助力。

所以，我和麦先生成了好朋友。当天，我万分感谢地请他喝了咖啡，吃了丰盛的午餐，然后告别。一周后，我再次打电话给他，邀请他参加长江实业集团举办的高尔夫比赛，并送给他一张贵宾客户的身份卡片，他吃惊极了。

“李，你的问题解决了吗？”

“没有，但我会努力，请不用担心，下个月一定要来参加比赛。”

麦先生很意外，他发现我不是一个功利的、用眼前价值衡量人的销售员。我们开始了密切来往。虽然当年我没有拿下九龙商城的大单，但是通过麦先生的引荐，我有幸见到了九龙商城的老板，绕过那位副总，有机会向他们的最高领导坦述诚意，这让我后来成功地向九龙商城售出了一系列大单。

当你遇到对于人脉价值的困惑和区分问题，以及发现投入产出的不符情况时，解决这一问题的方法，就是建立六度人脉的分类库。你可以很轻松地管理结交人脉的过程，不会因判断和取舍的问题而头大不已。

在这一人脉工程中，我们需要像盖一栋房子一样，为自己的人脉分出几个不同的房间，每间房子放置不同功用的人脉，对他们的价值予以区分。你投入了一些成本，得到的关系不能解决眼前的问题时，你可以看一下房间的功能标签，将他们放入合适的房间内，在另一些事上，他们能随时回报给你相应的价值。

◎可信任的网络

在本节，我们将针对人脉网络具体建立的准备阶段，重点谈到三个问题：

①我们必须建立自己可信任的网络。

②有些人脉看似是黄金人脉，实则并不可信，许多重点关系具有欺骗性。

③我们必须重视人脉的实用性和人脉的成本，也就是阻力与信任度的问题。

S. J. 沃森在他的畅销书中告诉我们：“请别相信任何人。”没有人是可信的吗？人人都是一个真正的骗子吗，只不过有人善于伪装，有人赤裸行事？他眼中的事实是，人性的残酷真相在我们身边无处不在。对于自己身体之外的生物，千万别动情，别认真，别让自己陷进去。他说，如果你怀疑身边最亲近的人为你虚构了一个人生，那么除此之外你还能相信谁？你看到的世界都不是真实的，更何况是别人要你看的。

听上去，这是一个严酷无比的现实。虽然你满怀热情地去交朋友，真诚地对待同事、客户、亲人和爱人，但他们都有可能欺骗你，对你心怀鬼胎。但我要问的是："今天，你拥有自己可信任的人际网络吗？"请大声地说，请你一定勇敢而又客观地给我一个答案。

历经几百次的询问中，很少有人可以用无比自信的声音告诉我他们能够做到，大多数人都在这个问题的压迫下表现得犹豫不决，眉宇间透露出隐约可见的怀疑与惭愧。

除了自己，没有人是可信的。就算你在蒙受一些贵人的恩惠，有时你也会如此想，他的动机是什么？我凭什么相信他，万一他不是真的助我，反而是把我当成一枚棋子玩弄于股掌之间呢？或者说，他交好我是有所图的，不知想达成什么目的。他想的只是利益交换，一旦交换的基础没有了，我们之间的友谊也就消失了。因此，对于一种不可信的关系来说，人们会觉得，我和他的关系与介绍人的身份无关，而与结识的动机联系紧密。

★互信的建立基础

我们和别人互信的建立，通常取决于三个因素。第一，它取决于你付出真心的多少，真诚地对待朋友，换来的即便不是真心，你被背后捅刀子的可能性也不会太大，除非你中了六合彩，天生走霉运。第二，它不可能不与价值的交换发生关系，你和一个人具备互相帮助的必要，你们就可以通过某种沟通和妥协，建立有限或者无限的互信。

切尼在他的竞选幕僚小组成立的那天，说过一句话："我不是为了民主而战，而是为了信任，我相信美国的体制可以帮助每一个人公平地角逐每一次机会，哪怕是失败的机会。我承认自己成功的希望无几，但我为了美国的公平而战，为了你们的支持走到最后。"

我们和切尼成功地建立了紧密的互信，而不是他是否可以成功地当选总统。换言之，价值观的统一是最高级别的互信，这是第三个因素，也是最为重要的。当你希望拥有一个人脉的团队，或者取得一个人的信任时，你必须考虑以上三个因素。

你是否具备了真心，拥有某种价值，或者与对方达成了信念的统一？我们必须承认，相应的"三无产品"实在太多了。很多人对待朋友没有一颗真心，戴着虚假的面具，他们也不能为朋友付出些什么，关键是，他们在重大问题上的见解难以达成一致——两个世界的人，怎么可能走到一起呢？对他们来说，信任是一种买不起也用不起的奢侈品。

★ 黄金人脉的欺骗性

有位长期在戴尔公司工作的职员威森特突然觉得，他长期无法升职的原因是他没有结交好自己的顶头上司——技术研发部门的主管，戴尔公司的实权人物。这是一条人人梦想结交的黄金人脉，不是吗？威森特在主管先生面前向来自恃才华横溢，是公司不可能放走的重要员工，所以行事偏激，独来独往，从不向上司献媚或者弯腰。主管对他的态度只能是打压而不是提拔。

“他气恼我的性格，因此不准备重用我，我觉得他还可能将我开除，清除我对他的威胁。”

威森特认为自己的改变首先应在这方面下手。他的确付出了不少，制定了讨好顶头上司的方案，很迅速地让自己融入团队，成为主管先生手下的好好先生，忠诚能干的下属。但是一年后，他仍然没有升职，反而备遭排挤。

当他讲述自己的“遭遇”时，距离他在戴尔公司最后的日子，只剩下不足一周的时间了。他选择了离职抗议，却不明要领：为什么主管对我许下了那么多承诺，却没有一条能够兑现的？

因为他选错了对自己最重要的人。主管是公司内的黄金人脉，这是事实，但主管一定会打压威胁到自己地位的下属，同样也是一种普遍的现实。黄金人脉的“欺骗性”就在这里，威森特在看到这支黄金人脉时，只看到了他对于自己的价值，却忽视了两人在地位上的不对等，以及利益上的潜在对立。

有些看似很管用的关系，特别有价值的人脉，我们称之为“黄金人脉”，在使用起来时你才发现不是这么回事。我曾经讲过一个观点：越是名头响亮的黄金人脉，有时越不可靠。也许它对别人有许多巨大的价值，但对你可能一点儿用处没有。这就是黄金人脉的欺骗性。

★联系的实用性和成本

当一种关系进行传递时，我们要考虑到的不仅是方向问题，还有它所产生的成本和激励效用。也就是很多人谈到的阻尼问题（即联系的阻力系数）。在米尔格伦的连锁信件实验中，他找了大量的人来传信件，看看这些信件最后都到了什么人的手中，看似没有任何的花费，人们热情高涨，或者说看起来成本为零。请注意，这是一个假象：每个人传递一下信件的花费极低，改下MSN邮件地址更是简单至极。可是，他们肯这么做，不是因为自己需要这么做，而是完全看在朋友的面子上才做这件事，这严重缺乏联系的实用性，没有价值支撑。

在这里，人们花费掉的实际成本是什么呢？是关系成本，这是一种人情债。这种联系方式，尽管可以帮你找到想找的人，但只此一次，下不为例。当你第一次做时，朋友虽感难度甚大，或扰乱了自己的生活，但碍于面子，勉强为之。可次数多了呢？他们肯定会觉得厌烦，甚至会选择放弃你这个朋友。到那时，你的这种严重缺乏实用性的联系方式，就彻底失败了。因为你没有为自己的联系方式设置一种激励机制，为此要付出的成本，将是无穷大的。

就像在最初的人脉结交理论中，Gmail的邀请方式曾被全世界的人们广为称颂和推崇，在它刚刚出现的时候，一个邀请甚至可以卖到60美元。我们都记得并为之感叹，也有人惊呼这是有史以来最伟大的营销。但是，在今天你已经无法送出这种老掉牙的邀请了，因为随着Gmail的高度普及，它已失去自己原本的激励价值，成本不断升高，阻力变得无穷大。

★阻力的价值：防范联系的失控

如果六度人脉的连接性和信息的传递不存在任何的阻力，就像在真空中无所顾忌地传播，后果是什么？我们可以举例来说，假设你有30个朋友，信息经过六度是30的6次方，即729 000 000，如果没有任何阻力，这个信息量可以实现，你的人脉数量足够到达一个能够覆盖所有可能的人的级别。于是，我们将看到信息到处都是，你将每天收到无穷无尽来自六度好友的各种各样的信息，这将让你的脑袋炸开。而且这样突如其来的“关系”，号称对你非常关注的人们，绝非可信和可以依赖的，相反，他们的动机十分可疑。

这种信息的爆炸程度，跟你的身份、名气和地位成正比。一个名气越大和地位越高的人，他的好友也会越多，想认识他的人自然不可胜数。而他的心态一定是：我不能随便拓展自己的人脉圈子，因为一旦不设置阻力，就会出现不胜其扰的结果。

不久前，国内曾经发生了一起演艺名人联系方式大泄露的事件，很多明星的电话号码被公布出来，让公众都可以看到。这意味着六度人脉被扁平化，变成了一度，联系的阻力消失了。

只是一瞬间的事，你就可以拿起电话，随便联系他们中的任何一个人。他可以是梅尔·吉布森、刘德华、张学友、胡军，或者是姜文。你不是某某的狂热粉丝吗？你不是渴求了十几年某个重量级大腕的签名吗？好了，你现在可以打电话了！

然而，这将是一场灾难。我们在洛杉矶的一场聚会上，曾经与好莱坞的好多明星有过交谈。他们都有过类似的经历，不少当红演员向我诉苦：粉丝，排成长队的粉丝打电话到我的家里，只为了说一句："哇，你就是某某某吗？我非常地喜欢你，崇拜你！"然后啪的一声他们挂断了电话。没有别的有意义和有共鸣的话题，永远都是这种冲动的情绪化的表达，还有其他的一些言语，但都是无价值的。很多人经不起骚扰，只好换号码或停掉电话。

由此你看到，当联系的阻力消失后，联系就会失控。这是关系的扁平化，由六度变成了一度，于是，一个人对于他人的人脉价值就会发生流失——因为人脉的成本消失到了最低点，你随时都能找到那个你迫切想联系的人，向他提出任何要求。

就像明星们面临的一样，以前公众想和这些人说说话，将付出不可预料的代价，很少有人可以做到，但当他们的电话号码被公开以后，人们就能随时打电话过去。可是有什么意义呢？他们离那些"贵人"仍然遥不可及，不可能触摸到他们的实际生活，更不要提和他成为一种实质的可以公开炫耀的关系。

小世界做成大事情

Part 2

一个从睁开眼睛就开始关注身边那些最有价值的人脉的人，他一定可以做到为自己库存一把“一秒钟打开20年”的黄金钥匙，从而以最小的人脉成本获得最难以置信的回报。

◎你能走多远，取决于谁和你同行

在现实的大多数时间内，当你努力工作和拼命地设计未来时，你很容易忽视这样一个事实：是你的搭档和朋友决定了你的前途，而不是你自己的实力。也许你会觉得，我有一份出色的创意和商业计划书，我有雄心壮志，我豪气干云，无所畏惧，全身充满力量，但为什么我不能成功？当你苦苦思考并且抱怨的时候，可能你忽略了自己本身所具备的缺陷：

你有资金吗？

答：没有，但我有计划。

你有可以帮助你实现计划的人吗？

答：没有，但我有计划。

你只有计划？对不起，你没有一个可以跟你优劣互补的合作伙伴。你的同行者越强，你发出的光芒就越耀眼，但如果只有你一个人，手里拿张白纸，口中念念有词就想在这个世界做点儿什么，显然前景将不乐观。

这是一种生存的现实问题，一个人永远无法解决所有事情，他需要助手，甚至需要强大的敌人，否则他不但是孤独的，也是无力的。

当然，我们并非否定个人能力的重要性，因为很多人就是凭借超强的个人素质，在残酷的竞争中脱颖而出。但奇迹实在是太少了，尤其是在今天和未来的世界，如果你只有一度人脉，单枪匹马地作战，缺乏强有力的相助，你就走不了太远。其实，在事业上去依靠人脉资源的帮助，为自己物色一位同行的强者，这与你的自强自立并不矛盾；恰恰相反，两者是相辅相成的，可以相互推进，往往更有利于你获得成功。

去年回国的时候，我在北京认识了一位青年演员刘，我们一块儿吃了饭，聊了很多，了解到他在国内演艺界发展的故事。他的外形不错，又很有表演天赋，从学校毕业进入这个圈子以后，就已经崭露头角了。但是他毕竟是刚入行的新人，又没有太多的积蓄。在事业发展之初，钱很重要。因为没有钱，他错过了很多的机会。靠他一个人，平时既要学习基础表演，又要联系剧组去演出，所有的事情都得自己打理。因此，他常常感到力不从心，颇有要崩溃的感觉。

刘面临的问题就呈现出来了，他很优秀，是一名极有前途的演员。但他非常需要有一家公关公司为他打理表演之外的琐事，以便他能够更好地提高自己。可是实力强大的公关公司对他并不看好，他们的重心都在那些老戏骨和知名演员身上，所以基本上没有人愿意与他签约，成为他的事业代理。

就在他彷徨无奈之际，他遇到了一个人，国内演员经纪界比较知名的人物张。张曾经在一家比较有实力的公关公司工作了多年，她不仅熟知业务，而且也有较好的人缘。几个月前，她自己独立创业，凭借自己的资源优势，开办了一家公关公司，并希望最终能够打入有利可图的公共娱乐领域，成就自己的一番事业。

我们说，刘的机会出现了。经过朋友介绍，他结识了张，两人一拍即合，立即联手。刘成为了张的公司签约代理的演员，她为他提供出头露面所需的经费。这样，刘不仅不必为自己的知名度的推广去花自己的钱，而且随着名声的扩大，他在业务活动中处于一种更为有利的地位，既赚到了钱，名气也越来越大。张的公司也获得了巨大的利润，二人各取所需，合作达到了最高境界，他们的关系也因此变得更加牢固。

你能走多远，取决于谁跟你同行。人脉有多重要？它能助力于你的，并非只有一元的帮助，关键是可以起到连锁反应，帮你开拓二元、三元直至六度的人脉，向四面八方进行辐射。所以这是一个很基本的道理，人脉资源是一个人获得成功的重要资源，你要成功，就必须要有相应的人脉资源。不管你所处的世界有多么微小，是小公司还是大集团，是微利行业还是新兴产业，都是如此。

美国斯坦福研究中心曾经发布一份调查报告指出：一个人赚的钱，

大约有12.5%来自知识，另外的87.5%则来自于他的人际关系。这里我们讲到的关系，绝不是你认识他、他也认识你就可以了，而是合作与同行的人脉。做一件事的时候，你要找到一个能够帮助你克服困难、为你提供有益价值的拥有强悍能力的人。强强合作，才能发挥最大效力；弱弱同行，只能共同堕入没有希望的深渊。

找到一个同行的强手，建立自己的高层次的关系体系。做到这一点，通过合作，你才能和另一个（些）人一起，为双方创造出更高的价值。于是，你们的这种联盟，就成了一种可贵的人脉资源。这样的人脉资源，如果你能获取，它就不仅仅体现为人际关系，还是一种潜在的无形资产，一种潜在的人生财富。

★搭档的作用

如果能找到一个好的搭档，我们就算拥有的平台很小，也能逐渐展翅高飞，创出大事业，扬名立万。强强合作，将产生一加一大于二的作用。如果不能，只凭借自己的独力奋战，可能在初期虎虎有生气，做什么都能靠着一股冲劲和豪气，很有激情。但慢慢的，你就感受到了阻力层层的困境。

有一个合适的人与你同行，你们之间就可以互相促进。

史玉柱和刘伟在巨人集团的搭档，就是一次经典的强强合作的案例。刘伟是巨人老板史玉柱主要的管理者之一，也是当年他创业时期的“四个火枪手”之一，同时还是史玉柱最早的员工之一（她1992年就加入了巨人公司，那是巨人的初创阶段），历任文秘、人事部长、副总裁等职。现在，则是巨人网络的总裁。

史玉柱说：“现在公司的具体业务我完全不管了，都让刘伟来做，她做得比我好。我们公司主事的是刘伟，她跟了我十几年，我冲动的时候，她就会把我往后拉。”

刘伟最大的性格就是稳重和脚踏实地，恰恰与史玉柱的冲动激情形成互补。史玉柱对她的评价，更像是一种感激和感慨。如果没有刘伟，他的事业会怎么样？独来独往且有些冲动的史玉柱，恐怕会增加更多的遗憾和失败了。

1992年，刘伟坐着火车到了深圳，应聘进了巨人公司做一名文秘，写可行性报告，结果当时被史玉柱骂得直哭。在那个时候，谁也没看出她的能力对于巨人公司有多么重要。3个月后，巨人公司落户珠海，开始了它的全盛时期，年销售额达到了上亿元。同时，刘伟也和史玉柱开始了长达十几年的紧密合作。

刘伟的长相和谈吐都很有亲和力，是公关好手，而史玉柱则明显不擅长公关，说话特别直，就像孩子一样，有时候也不管人家能不能接受，什么话都敢说。因此，刘伟的理性和史玉柱的偏执恰成对比，极为巧妙地结合在一起，产生了巨大的积极作用。史玉柱是一个天生要打破规则的人，在商界富有冒险性，刘伟则天生要遵守规则，做事很谨慎。如果把巨人集团看成是一艘巨大的轮船，史玉柱是那个把握方向的舵手，而刘伟则是那一个掌握了细节和把握管理全局的人。

对一个有志者而言，如果缺乏刘伟这样的搭档或者其他类似的人脉，结果会怎么样？比如一个自己创业的老板，他没有什么得力的朋友，在银行也找不到关系，与客户也不相熟，就像一个人在海上孤独地游泳，他一定会逐渐体会到山穷水尽的绝境，特别是当他遇到资金问题，迫切需要得到输血救济的时候——也许你已经遇到了。

一些大企业的管理者也常遇到类似困境，散尽千金，人才难求，关键职位的人才缺失，造成公司的管理混乱，方向不明。自己一手打造的企业巨舰，在夜雾的海上撞到了冰山，瞬息沉没。这种悲剧在我们身边比比皆是，追根溯源，不过是独木难支、人脉枯竭的结果。

★关键时刻的同行者

我初到美国时，刚离开长江实业集团有一年多的时间。在这之前，我经历了一次并不成功的创业，虽然融到了资金，但因为缺乏有丰富经验的伙伴，我的广告公司在中国香港和新加坡的业务开展得并不顺利。具体来说，我遇到了很多琐碎和繁杂的问题，管理、资金运用、业务开拓，都是我一个人在勉力支撑。开始的时候，我凭借一腔激情和积累的经验，还能有效撑持，时间一久就维持不住了，只好调整计划，将公司关闭，另寻适合自己的发展平台。

在华盛顿，我落下脚，就开始寻找合适的机会。这时，我遇到了一个美国人，刚从政坛退休的史密斯。他被称为美国政商公关界的黑手，是人脉公关方面的神秘人士。他对我帮助巨大，我们共同成立了一家公关公司，尝试为商界和政界的一些需求提供服务。这有点儿像掮客生意，利用手中的公关资源，去替一些国外或本土公司说服客户及政界官员。如果没有史密斯在美国政坛积累的雄厚人脉和各种资源，很难想象在这一行，我作为华人，会遇到多少无法闯过去的风风雨雨。

他是关键时刻与我同行的人，同时也是我的人脉导师。在史密斯这里，我学到了如何更加有效地拓展自己的六度人脉。仅靠一个人的能力，很难创造出更多的财富，只有汇集更多人的力量，形成合力才能取得更大的成功。这是我到美国之后，亲身体会到的第一个成功规则。

尽管人们对此都心知肚明，这样的道理信手拈来，没有人不明白，但每当做起来的时候，我们就会发现，人在本性中的自恋或自大，总是不自觉地将自己放在第一位。过于依赖自己的能力、魄力，或者是冒险和侥幸的想法，忽视了最重要的一条成功规则：你必须分享利益给另一个强者，你们一起同行，互相提供保护，才能更快地接近目标，并最大程度地避免风险。

◎总有一个人，让你可以少奋斗20年

我们总能遇到一个可以让自己少奋斗20年的人。而且你也必须找到这样的人，并且不要轻易地放过他。当你在万千人海中发现他时，请一定不惜成本说服他，然后把他绑在自己的船上，让他成为“我的人”。

我们可以这么说，六度人脉理论的核心价值，就是帮助年轻人在开拓人脉之初，就去寻找一个能够向你提供最大帮助的可信的黄金人脉。他不但可以实现你的理想，还可以帮助你将自己的小世界变成一个精彩的大世界，使你的生活和事业发生质变。这一切积极而伟大的变化，一定是你当初根本意想不到的上帝赐予的美好的礼物。

有一位从上海到美国的融资者告诉了我另一个创业奇迹，他讲了一个名叫苏江的年轻人的故事。苏江本来是山西的一个放牛娃，后来摇身一变，成为当地声名赫赫的企业家。这个过程的戏剧化的演进，其实是在充分地告诉我们一个你在对他表示崇拜之时可能忽略掉的事实：他只凭自己的能力是无法做到的。

苏江是一个普通的农民，而且有先天残疾。中国的农民能够

调动的资源和拥有的关系很少，一般而言，除了土地他们什么都没有。所以，看起来他注定这辈子没什么指望了，别说做番事业，可能娶妻生子都比较困难，谁会看上他呢？邻居这样说，他的父母也这样认为。总之，他的人生刚开始，就陷入了无边无际的黑暗与绝望。

在他20岁的时候，有一天他正在放牛，这时过来一个人向他问路。两个人谈了几句，问路者开导他的同时，劝他去学一门手艺，将来才能养家糊口，并为他推荐了几个方向，给他提出了具体的建议。苏江很感动，好像突然被种下了一颗热情的种子，要生长发芽，使自己的人生成长出一片绿地来。

他辞别了父母，去学了一门理发的手艺，后来就在家乡开起了理发店。巧的是，他经常看到那个劝自己学门手艺的问路人从自己的店门前路过，经过打听他才知道，他就是本乡的邓乡长。邓乡长后来也知道了他的处境，有时间也会过来看看他，不断地鼓励他要自信勤劳。告诉他，虽然你的身体残疾了，但志气却不会因此受损，只要有能力，仍然可以混出一个样子来的。

这些话影响了苏江的一生，然后他进行了周密的计划，改行做起了五金和建材生意，生意越来越红火。在邓乡长的进一步建议下，他又准备做企业。虽然没有经验也无资金，但邓乡长主动派企业办主任和他一起考察项目，又以个人担保从信用社贷款，为他解决了资金问题。于是，苏江开了一家砖厂，十分红火。两年的时间，就积累了几十万元的资金，随后又开拓了其他的产业，甚至到别的城市开办了自己的分公司。

本来只是一个注定在村子里混一辈子没有理想的残疾人，因为认识了邓乡长，苏江从一个贫穷和自卑的农村青年，在短短的两三年内，一跃成为大企业家，取得了事业上的巨大成功，也在自己的人生道路上实现了之前他自己难以想象的突破。

这就是一个“贵人”和不可多得的黄金人脉制造出来的奇迹，对于有志者来说，朋友不在多，有那么一两个能在关键时刻帮到他，助他突破瓶颈，或减少思考和悟道的时间，就足够终生受益了。这就是人脉的本质，一如好莱坞的那句名言：“成功不在于你知道什么或做什么，而在于你认识谁。”有些人可以让你一辈子不知道何去何从，做什么或该怎么做，比如一些损友；但有些人却能够让你穿越迷障，短时间内取得常人难以超越的成绩。所以聪明人深知找一位贵人是多么重要，只有在自己的一度人脉内（第一元关系）与能量巨大的黄金人脉实现对接，才有可能迅速接近成功，使理想和目标成为自己的囊中之物！

我和史密斯的公关公司开张不久，在某华商俱乐部的晚宴上，我认识了时年45岁的钟彬娴女士。她的经历是另一种更加鲜明的与巨人同行从而缩短奋斗历程的案例。她从普林斯顿大学毕业后，决定先在零售业锻炼一段时间，然后再进入法学院去学习法律。因为在她看来，零售业的经验将对她的法律学习有很大的帮助，这种需要耐心和处理大量细节的经历可以培养她的悟性，锻炼自己的脸皮与耐性。于是，她加入了鲁明岱百货公司，成为一名基层的管理培训人员。

在鲁明岱百货公司，她体会到了工作的艰辛和前景的艰难，但她没有放弃，并且有幸遇到了该公司的首位女副总裁万斯。万斯是不折不扣的商界女强人，自信机智，进取心强，善于说服别人。在她的手底下工作，如果不能表现出足够强的能力，想获得认可是很难的。钟彬娴马上就意识到，这对她是一次考验更是一次良机，她如果要在相互搏杀的商业社会叱咤风云，就必须摆脱亚洲人惯有的服从特性的束缚，和这位女上司搞好关系，获得她的信任和重用。

为了学习到万斯丰富的工作经验和技巧，钟彬娴对她就像对待老朋友一样，真诚地用心交流和互动，最终打动了万斯，赢得了对方的信任，使她心甘情愿地充当自己的职业领路人。在她的帮助和提携下，钟彬娴升迁得很快，上世纪八十年代中期，她升为该公司的销售规划经理和内衣部的副总裁。五年时间，她走过了别人20年都不一定能够完成的历程。

后来，钟彬娴开始兼任有着110多年直销历史的雅芳公司的顾问工作。在雅芳公司，她卓越的才华和超绝的人脉拓展能力，又吸引到了雅芳的CEO普雷斯的注意。好机会总是会被有心人抓住的，很快她就以卓越的管理才能获得了普雷斯的认可，两个人还成为了好朋友。1999年的时候，雅芳面临重大的危机，销售量下降，股价下滑，这时，普雷斯力荐钟彬娴继任CEO接手雅芳。仅用了一年多的时间，钟彬娴就从广告、加工、包装、销售等各个环节对雅芳进行了改革，使公司焕发生机，成功地渡过了危险。在这个过程中，她并没有借机放弃雅芳原来的销售队伍，培养自己的心腹，而是重点整顿、延用，使这支队伍重现活力。她对待老员工的态度，无疑是一种广植人脉的策略，使得她的每一项改革工作都获得了公司员工的大力支持，从而始终顺风顺水。

她对我说："很多人只是在等着机会的来临，希望上帝会来拯救他，但我不这样，我建议人们要抓住能带你飞翔的人的翅膀。"

请记住，一个没有任何背景的女性，只是四十来岁就取得了如此令人羡慕的成就，这不是什么奇迹，而是她精通六度人脉的关键，就在于找对自己职业生涯中的那个最重要的人物。这不是成功的速成法则，而是人脉开拓的"第一元黄金规则"：

你认识的第一个人往往是最重要的，他不但可以给你捷径，而且能够改变你的一生。要营造好自己的人脉，就必须选择关键人物，让他带你一路小跑，跑过"20年"。

翻开众多成功者的档案，你会发现一个很普遍的现象，这些人成功的秘密之一，就是在他们成长的过程中必定有贵人的帮助。也许不一定缩短20年的时间，至少三到五年或十年八年的成效是有的。比如有人可以给你提供充足的资金，有人可以给你一个施展才华的平台，将你从小世界的困境和艰苦中解救出来。就像搜狐的总裁张朝阳，如果他没有碰到尼葛洛·庞蒂，可能搜狐至今还是一个不存在的童话，或者他仍然在寻求机会的泥潭中苦苦挣扎。

当你面临人生的关卡或者事业的门槛时，你总是需要强者真心实意地扶你一把。从此你的人生之路仿佛注入了一针兴奋剂，才华便可以在更大的空间内无所畏惧地发挥与释放。你不但找到了方向，还获得了力量。这是关键的一步，只要有人扶你这一把，就能胜过你多年甚至终生辛苦的结果。有时候，我们就缺这一步。就像史密斯于我一样，我至今感恩于他当初对我事业的助力，让我少走了十几年的弯路，很早就洞悉了人脉公关的本质，掌握了丰富的经验和操作的手法。

他们，就是能够给你带来幸运的人。许多创业者经常哀叹自己在最困难的时刻无人相助，没有人愿意提供帮助，让自己渡过难关。这的确很不幸，但问题总在于他自己。他需要走出去，或者在自己起步之初就注意积累相关的人脉。一个从睁开眼睛就开始关注身边那些最有价值的人脉的人，他一定可以做到为自己库存一把“一秒钟打开20年”的黄金钥匙，从而以最小的人脉成本获得最难以置信的回报。

◎六度人脉的权值效应

什么是权值效应？听起来是一个极为晦涩枯燥的概念。其实就是一件普通的小事，可以起到巨大的帮助作用，给你带来放大十倍的回报，这就是人脉的投入产出比。有时我们不需要对一件事投入太大的精力，只要方向对了，就能以最低的成本认识最有价值的人，得到最高的收益。

你在路边扶起了一位跌倒的老太太，恰巧她的儿子是你的一位重要客户，或一位对你的公司很重要的人。你因为一次举手之劳的善举，收获了一位对你事业发展至关重要的朋友。

上述假设是最简单也最易理解的权值效应。我们可以试演一个复杂但却同样清晰的流程：

在一天清晨，你早早地来到华尔街碰碰运气。你失业很久了，迫切希望得到一份好工作，因为你不但供养着一套200平方米的大房子，还有妻子和两个女儿，她们需要你工作。现在是金融危机时期，失业的人很多，华尔街到处都是脖子上挂了一个牌、上书“请雇用我”几个字的惆怅而又充满期待的人。

这说明你没有竞争优势，大家都是平等的，区别在于谁的运气更好，让写字楼上的人事主管一眼就看出他的优秀。但问题不在这里，如果你相信摘到一颗果子就必须爬到果子所在的位置，付出与回报必然相等，那就大错特错了。所以，你灵机一动，采取了一个新的办法。

你将与众人一样挂在脖子上的牌子拿下来，换了一行字上去。上面仍然写了很简单的几个字，但却换成了："请我拯救你的公司。"你把它挂在脖子上，昂首挺胸地站在最显眼的地方。人们纷纷嘲笑你："看看那个胖胖的傻瓜，现在找到一个能糊口的工作就不错了，他还妄想当救世主，不要白日做梦了！"

注意你的人越来越多了，大部分都是鄙视和轻蔑的眼神，他们在看你出丑。但事实是，你的受关注率却无可争议地暴涨。终于，你被这一天正在招聘的仅有的几家公司的人事主管看到了。在人事主管眼中，他们看到了什么？是你的思维。所以，结果就是这一天你仅写了几个字，站了半个小时，就得到了一份好工作，其他人在华尔街挂着牌子辛苦地等待了几个月，仍然渺无希望。

让你需要的人注意到你，会有一万种方法，其中一定有成本最低、回报最快的办法。上述流程明白无误地展示了这一点，我们能做到将看似公平的竞争变得毫无公正可言，从而获取"人脉暴利"。这当然不属于奇迹的范畴，而是一个概率问题，虽然很难发生，但总有可能发生。在这个世界上的每个角落，这样的事情每天都在上演着。

下面将要说到的是一个很旧的故事，同样需要你知道，因为它代表了我们在生活中可以碰到的最大概率，它是运气的绝佳说明，尽管本质是教我们如何抓住人脉的权值效应，以最小的投入获得最大的回报。

一位叫维克多的人从他父亲手中接过了一家杂货店，这家古老的杂货店很早以前就在镇上远近皆知了，他希望能够通过自己的努力，让杂货店更加兴旺。但是，他面对重重困难，经营艰辛，顾客稀少，附近的竞争者越来越多……很多投资者看好这家不起眼的小镇，因为不久这里就将获得大面积的开发，距离此地不足20英里的海边，将要建起一座港口。

如果靠他一个人这么努力经营下去，付出再多，恐怕也难逃关门的命运。所以，维克多十分担忧杂货店的明天。这天晚上，他正在店里收拾货物清点账款，因为第二天他将和妻子一起去休假一段时间。他打算早早地关上店门，以便为外出度假作准备。然而这时，他注意到店外不知何时竟站着一位面黄肌瘦的年轻人，他衣衫褴褛、双眼深陷，一看就知道是一个典型的流浪汉。

换成你，你会怎么做呢？我想普遍的想法就是不予理会，关闭店门，早早睡觉。白天已经很累了，谁会在这时操心一个穷光蛋站在自己的门外想什么呢？我想更多的人会感到厌恶，觉得这个流浪汉会给自己带来坏运气，于是冲出去把他赶走，让他滚远一点儿。就像我们在生活中经常看到的那样，势利的人歧视一切穷人，生怕和他们发生半点儿交集，不但不想帮助他们，更不想让他们在自己的眼前出现。

维克多不是势利眼，他向来是一个热心肠的人。所以他走了出去，对那人说道："嗨，小伙子，你有什么需要帮忙的吗？" 年轻人略带腼腆地问道："请问，这里是维克多杂货店吗？"他说话时带着浓重的墨西哥味儿，一听就不是本地人。

维克多很惊讶，回答说："是的。"他点了点头。

年轻人低着头小声说道："哦，那就好，我是从墨西哥过来找工作的，可是整整两个月了，我仍然没有找到一份合适的工作。我父亲年轻时也来过美国，他告诉我他在你的店里买过东西，喏，就是这顶帽子。"

维克多看到了小伙子的头上果然戴着一顶十分破旧的帽子，上面那个被污渍弄得模模糊糊的字形符号正是他店里的标记。是的，这人没有说谎。小伙子继续说："先生，我现在没有钱回家了，也好久没有吃过一顿饱餐了。我想……"他难为情地轻声请求着。

眼前站着的这个人，只不过是他的杂货店多年前的一名顾客的儿子，和他没什么关系。他现在肚子饿了，想在他这里求得一顿饱饭。但是维克多觉得自己应该帮助这个小伙子，每个人都有遇到难处的时候。于是，他把小伙子请进了店内，好好地让他饱餐了一顿，并且还给了他一笔路费，让他能够成功地回国。

这是一件小事，对维克多来说只是举手之劳，不费吹灰之力。很快，他就将此事淡忘了，因为他的店现在有着更重要的事要做，他要保证这个店的生存。经过几年的艰苦努力，他终于度过了最困难的时期，将自己的杂货店经营得还算可以。而且，他还在美国开了许多家分店，并且萌生了一个大胆的想法，向海外扩展。可是更大的问题来了：他在海外没有任何根基，这个发展计划不但冒险，而且有些天真。因此，对于自己的计划，维克多一直犹豫不决，难以最终决定。

就在他打算放弃之时，他收到了一封来自墨西哥的信件，写信人正是多年前他曾经帮助过的那个流浪青年。此时，这个青年已经成为墨西哥的一家大公司的总经理，他在信中真诚地邀请维克多来墨西哥发展，与他共创事业。

“啊，这是真的吗？”维克多喜出望外，不亚于收到上帝的礼物，有了这位总经理的帮助，他的海外计划就有了雄厚的支持。维克多马上写了一封回信，表示感谢，同时接受了邀请。他很快就在墨西哥建立了自己的连锁店，并且经营发展得异常顺利。两年后，就使自己的财富增加了几倍，成为有名的富豪。

一次小小的投入，就可能让你连本带利赚个盆满钵满。这就是神奇的人脉的投入产出比的巨大的正面效应的体现。为了赚到一百万，并非需要你立刻拿出八十万，有时可能只需要几分钱就足够了。我们从一度人脉发展到六度人脉，也不一定就得通过层层努力，打通中间的四个环节。有时只需要一个环节，而且是给予一次轻微的着力，借助某一个细小的事件，就能完全实现我们计划中的目标。

就像这个落魄的流浪青年，谁又能想到多年之后，他能成为大老板呢？如果当时维克多没有帮助这位青年，反而关上了店门，不加理会，他的事业之路也就不会发展得那么顺利。至于到海外开店，可能将永远是他一个不可实现的梦想。

有的机遇对你来说是可遇不可求的，如果你在某一天遇到了一个看似不起眼的人，或者某件无关轻重的小事，千万不要轻视，也许他或它就是你打开机遇大门的钥匙。你捉住了这样的机会，可能只需要投入很少（一顿饭或一碗面），就能让你在不久的将来得到大于百倍的回报和惊喜。

◎最短的距离有多远

距离是我们不可回避的人脉要素。我们想拉近与他人的距离，提升自己的人脉效率，你必须具备几个关键的素质或品质。其中比较关键的，是你要找到那条最短的距离，不要做无用功，用最直接最省时省力的方法，去办成事，交对人。

在一次职业经理人的公关培训上，我对坐在台下的来自各行业的经理人提到了四种品质，我称它们为“距离要素”（Essential Factor of Distance）。作为一名职业经理人，最难的并不是为公司创造价值，而是持续为公司创造价值。要做到这点，除了有优于他人的超强的个人能力以外，拉近与下属和客户的距离，有效地提升自己的人脉也是相当重要的，掌握“Essential Factor of Distance”对他们而言不可或缺。

①建立和保持良好信用

如何建立一个让人信任和守信用的形象，是拉近距离的关键。你的良好信用和高度被信任感可以为你的人际关系带来正向循环，这是无声的形象。如果一个人讲的话每次都要打上几分折扣，那么他认识的人越多，为他带来的负面效应就越多，起到的效果往往是相反的，因为他传递出去的都是坏名声：“这个人糟透了，讲话不着边际，让人如坠五里雾中，可信度太差。”你在人们口中的评价是这样的吗？对于信用很差的人，别人跟他的距离，就会不停拉大，直到人们再也看不见他，也不想再见到他。

②多增加自己曝光的渠道

多去参加诸如EMBA（高级管理人员工商管理硕士）、旅游团、健身俱乐部等社交团体，这都是最快把自己推销给别人的好办法，也能有效地建立你良好的社交形象。参加这些团体活动的意义在于，能够在最短的时间内认识那些你想认识或需要认识的人。这比躲在家里打电话联系的效率要高很多。电话不如谋面，谋面不如实质性交流。公共交往平台最大的一个特点，就是能够帮助人们形成实质性和有意义的沟通交流，比如有足够资源举办一些关于某个话题的论坛和讨论会。在这些场合的曝光，对距离的拉近很有帮助。

③诚心和真心

没有朋友的时候，你很难体会到真诚的价值。如果太虚伪，一个人是难以交到朋友并获得对方信任的。对人要诚心一点儿好，还是要留有心机？这根本不是问题。“害人之心不可有，防人之人不可无。”我向来信奉这个原则，同时也认为，这是帮助你迅速拉近与他人距离的基本态度，因为以诚相待是六度人脉拓展的根本原则，虽然某种程度上要因人而异，注意区分君子和小人，但如果你不想付出真心，也就甭奢望收到对方的诚意了。

富兰克林曾经说：“人与人之间的相互关系中，对人生的幸福最重要的，莫过于真实、诚意和热情。”这可以让你得到对方全身心的重视和好感，千万不要指望依靠虚情假意来骗取人心，因为说到底，所有的虚伪最终都会被戳穿的。如果你缺乏诚意，表里不一，再好的创意、包装和宣传也无法感动人心。即便你倚仗某些花言巧语暂时获取他人的信任，也会在最后将得到的一切再次失去。

④合理的传递关怀的能力

一切美的基础，都莫过于你有一颗和善和乐于助人的心。所以，懂得如何关怀别人，是你成长和成功的真正开始。这跟身份和财富无关，即便平凡的人，他也有足够的力量去关怀别人，哪怕是一件小事，都可以合理地将自己关怀的意图传递过去。

那些掌握了人脉秘诀的人，就是以他人的幸福为自己的幸福，以他人的喜悦为自己的喜悦的人。他们知道，人的感激不是因为对方的强大，而是对方在帮助自己强大，在与自己惺惺相惜，敞开心扉接纳你的进入。所以，当你开始关注自己的人脉，却始终不得其门而入的徘徊时刻，你就要反思一下自我：

别人困厄时，我是否进行过援助？

对方不开心时，我是否进行过及时地抚慰？

你应拥有关心别人的品质，并从这里开始努力，迈出宽容和体贴的步伐。有一句名言说："友谊之光就像烛火，在四周黑暗的时候最为耀眼，在日光下却是看不到的。"正因为如此，那些擅长和喜欢关怀别人的人，他们在两个月中交到的朋友，比那些要求别人关怀自己的人在两年中所交到的朋友的总和还要多。

向他人传递自己的关怀，实用有效的方法很多，但主要以充实有内容的细节为主，而不是说几句话拍拍人家的肩膀。比如，见面时多问些实际问题，别重复无用的空话和客套话；多用行动关怀，不要只说说而已。这些全在细腻的生活和工作细节中可以体现。抓住机会，就意味着你缩短了与对方的心理距离。

为什么许多人都觉得自己与他人的距离在不断地拉长拉远？这是因为随着现代社会人际关系的日趋淡薄，人与人之间的彼此信任也逐渐成为了一件非常奢侈的事情。在职业经理人的公关培训中，参与者都有此类感觉。他们觉得，一旦自己把人际关系放到工作状态的时候，利益和防备心理就成为了一件很自然的事情。他们互不信任，保持很远的距离，还在中间竖起了一道厚墙，连刀子也穿不透。尽管交流的双方都有坦诚相待的冲动，但仍然小心翼翼，不想让对方轻易接近。这自然是一件比较棘手的事情，但如果你能掌握上述的距离要素，在四项中让自己至少做到两项或三项（当然全都可以做到最好了），你给予他人的距离感和疏离感一定会大大减弱，从而使自己具备很强的亲和力。

那些真正成功的商人或企业家，他们都拥有这四种不凡的能力。这是成功者的人脉存折，亦是六度人脉的争夺战场的入场券。只有具备距离要素的优异品质，才能像模像样地为自己办理一张成就存折，踏进人脉高手的大门。

出生在加州的斯坦森是一位人寿保险家，同时他也是一个善于建立人际关系的成功人士。在谈及自己的成功经验时，斯坦森这样说：“我并不推销人寿保险这种产品，而是建立人际关系，然后人们就会来买我的保险了。”

他擅长拉近和客户的距离，打通中间的防备之墙，获取对方的充分信任。对此他介绍：“我经常把人们聚集在一起吃饭，有政治界、商业界以及社会各界的人士。我不向他们推销保险，只是和他们做好朋友，讨论各种问题，取得一致，然后就会有很多人从我这里购买人寿保险！你知道吗，推销一种东西给陌生人是很难的，可能你说一万句，也不能卖出去一次；但推销给朋友则是不需要技巧的，你想请朋友出去，或者请朋友帮忙，只要开口就可以了。所以，你不需要更多的推销技巧，你只需要更多的朋友，尽可能地多认识一些朋友，拉近你们之间的距离，让他们信任你，觉得你是一个不错的人。那些向你买东西的人，之所以买正是因为他们喜欢你、信任你和尊重你。”

建设零距离的人际关系，让双方坦诚相见，消除冷漠的隔膜，是斯坦森的销售理念。因为自己的亲和力及可信任的良好形象，还有他总能在各种场合充分曝光的优势，让他大获成功。除了给客户提供周到的服务之外，斯坦森还时常给他们赠送一些小礼品以表达他的心意。每一位客户每年都会收到他的感谢信、生日卡或者圣诞卡。

“你简直想象不到一张小小的而且费用低廉的生日卡能产生多大的作用。”斯坦森感慨地说。有一次，一个客户的孩子对他讲：“当我年幼的时候，我父亲就给我买了保险，从那时候起您就每年给我寄贺卡，我一直把您当成我们家的成员之一，在我知道什么是保险之前，您就使我想成为您的客户。”

这就是拉近距离获取信任的魅力所在。他成功地建立了成熟的人际关系，所以他赚钱的门路也就越多，人脉的档次也逐渐获得了提升。

◎从第一步跳到第六步

现在，我们会深入地延续上一节的主题，告诉你应该怎样做到最省时和最省力，从第一步跳到第六步，将中间的四个步骤全都省略掉。即，我们有时候并不需要去走一些看似必然存在的弯路，因为很多事情没有那么复杂。你觉得自己必须付出很大的代价才能做成一件事时，可能这件事只需要你伸出一根手指，面前这扇坚固的大门就应声而开了。

问题是，人们总是想不到从第一步跳到第六步的方法。人们习惯地认为，一件事我付出越多，成功的可能性才越大；如果他只用了一步就达到了目的，他反而忐忑不安，觉得这是假象，事情并没有真正成功。

我的邻居，一位来自浙江的鲁太太曾经遇到一个问题。她想跟孩子学校的校长好好地谈一谈。儿子的成绩非常差，除了打球、看NBA比赛之外，似乎没有什么是他感兴趣的。鲁太太特别焦虑，告诉我说："我想见到恩特先生（圣马斯学校的校长），但他不一定愿意帮助我，我怎么做才能让他乐意倾尽全力地照顾我的儿子？"

我很惊讶，因为鲁太太的想法是典型的国内家长的思维：要把恩特校长当做一种特殊的关系去结交，只有付出很多，才能得到对方的看重，从而才可能将事情办成。但是，最愚蠢的想法恰恰就是这样形成的。一位学生的母亲想求得学校校长的帮助，这是多么合理的要求！一个电话就可以预约时间了，为什么要考虑那么多的曲折和代价？

“你知道他办公室的电话号码吗？”我问她。

鲁太太不屑地回答：“那有什么用，我想知道他的私人电话，有他妻子的移动电话最好，我想找个时间去他的家中拜访。”

她果真是这样做的，首先她通过两个朋友的热心相助，才问到了恩特校长的私人电话，联络到了他的妻子，一位患有抑郁症的美国女人。她还打听到对方有三个孩子，颇费一番工夫，又探到了他们分别喜欢什么礼物，以及最爱吃什么食物。于是，在某个她认为最恰当的时间，鲁太太提着大包小包的礼物出发了，叩开了恩特家的房门。

鲁太太受到了恩特全家热情的接待，度过了一个愉快的夜晚，谈到了许多对孩子的教育问题。她尽兴而归，以为自己的儿子终于能够在恩特校长的特意关照下，学习成绩飞速上升了。但是不久，她就因为事情的进展变得愤怒不解了，因为恩特校长并没有因为她绞尽脑汁做了这么多事，绕了这么远的路与他沟通，就领她的人情，变得对她的孩子格外关注。

圣马斯学校对她的儿子采取的办法和对其他的孩子是完全一致的，他们对学生进行统一谈话，了解孩子的近况，然后制定了一些宽容而理解的方法，在不伤及孩子个性的基础上，对他们的学习进行了科学的引导。

“你们的校长找过你吗？”

“没有，我很快乐，妈妈，校长是个好人，为什么要找我呢？他只告诉我好好玩，什么都不用担心！”

鲁太太十分郁闷。这是她想不到的结果，因为在国内，这样做的结果往往是自己的孩子会在一段时间内成为老师或校长另眼相待的座上宾，被特殊对待的一名重点生（很多时候，普遍存在的此类现象更加助长了我们的家长在人际关系的沟通中愿意付出更大代价的决心）。但这里是美国，她需要迈出一步就可以做到的事情，却白白地付出了六步的时间。

也许这不是一个很合适的例子，但我想，它足够说明一个事实：六度人脉理论的“数字”部分在很大程度上具有相当大的迷惑性，假如你死板地去执行它的六个步骤的话。我们找到某个人，或许不只是六步甚至更多，也可能只是一个电话、一封邮件就能够搞定了。因为你们之间存在着某种可靠的连接、某个有共同话题的平台，或者你们有足够正当的理由进行光明正大的接触与协商。

如果是这样，你为什么还要傻乎乎地严守设定的关系链条，让自己徒劳无功呢？我们完全可以将“6”视做“1”，它是象征性的数字，是最短距离的符号代表，不可将它当做一条僵化的标准。

一般而言，即便我们很难实现的关系，只要你聪明地利用手中的资源，审视自我的条件，并充分地展示自己调动资源的能力，你就能够合理地缩减公关的时间和步骤，减少代价，从而实现从第一步到第六步的跨越。这个假设，往往存在于大部分的人脉拓展中，而不仅是上述仅与鲁太太有关的特例。

第一，为自己寻找一个好的平台，学会最大限度地利用平台的资源。

如果懂得了多利用人际交往的平台能够带来的巨大好处，就等于你会少走很多不必要的弯路。一个人在胡同中和在房顶上的视野是截然不同的，前者只能看到狭窄的水沟、潮湿的路面和前方一个仅容两人通过的出口，后者看到的却是宽阔无边的蓝天，高清深远的世界。人际平台资源就是你实现跳步的节点，利用得当，会让你省略许多步骤。

我常对人讲到一个道理，为什么有些人会赢在他的人脉上？因为他有一个良好的人际平台。这个平台不是公司的事业舞台，也不是自己的财富基础或者其他什么硬件，而是构建自己的人脉网络的能力。它必须是四面八方连接和扩散延伸的“网络”，而不是单双向的点对点的人际体系。

就像成功学领域的权威大师卡耐基说的：“一个人的成功，不在于他的业务素质有多强悍，而是有85%的部分取决于他的人脉建构与经营的状况，其中最重要的是他所拥有的人脉网络和人际关系的平台。”很显然，在现实生活中，这个平台是一条可见的经脉，又仿佛是一张透明的蜘蛛网，不管是关系、路子、交情还是人缘，其实都是这个平台的一个分支，其中的某一个动态工具。

组建一些属于自己的虚拟团队，这个团队的特点之一必须是你能够拥有参与或退出的主动权，可以从容地在其中与任何人进行交流，还有参与某些现实中的社团活动。对于我们的人脉拓展来说，这种方式便是搭建人际平台的最佳途径之一。即，你要懂得通过社团活动的开拓来经营人际关系，将自己扁平化的人脉成功地拓展成立体和六维的人脉空间。

在平常，单对单的交往，当你太过主动接近陌生人时，容易引起对方的反感，会遭到对方的拒绝，但是通过参与社团的活动，在一个大的网络中，实现的是一种发散的交流，你和他的交往反而比较顺利，能在比较自然的状态下与对方建立良好的互动关系，有助于你们建立情感和信任。

当然，在你参加某个社团组织时，如果能谋到一个组织者的角色就最好不过了。比如某个俱乐部或协会的理事长、会长或者秘书长，这样就等于让你得到了一个服务他人的机会。在为他人服务的过程中，你不但是在为他人建设人际平台，同时也是在增加自己的发展性人脉。这个平台越强大，你的人脉也就跟着不断地延伸，突破瓶颈，达到事半功倍的效果。

第二，要有你自己成熟的人脉规划，在这份规划中，我们要对自己的人脉之路进行量身定做，实现有序经营和按计划发展。

建立自己良好的人脉网络，实现六维度的空间突破，不是只有雄心壮志就可以了，你还必须有一定的心计（理性分析和深刻洞察），并讲究聪明的策略和手段。从另一种角度看来，你需要胸有城府，懂得步步为营，层层推进，严格制定自己的人脉发展规划，按照计划一步步行动，理性而聪慧地去结交目标对象，以最小的代价，收获最大的回报。

你可以列出自己需要开发的人脉对象所在的领域，然后，就可以要求你现在的人脉支持者帮助寻找或介绍你所希望认识的人脉目标，创造机会并且采取行动。这就是规划的优点所在，它能让你避免盲目出击，少付出无谓的代价，节省时间，提高人脉效率。

第三，多通过熟人，找到自己最关键的介绍人，让他给你牵线搭桥，挺进纵深，绕开障碍，就可以省略很多不必要的付出和成本。

我见到过一份美国人力资源管理协会与《华尔街日报》共同针对人力资源主管与求职者所进行的一项调查。上面的调查数据显示了熟人的力量有多么强大：

①95%的人力资源主管或求职者通过人脉关系找到了适合的人才或工作；

②61%的人力资源主管及78%的求职者认为，这是最有效的方式。

我的公关公司也曾经对此做过一次人际交往的手段调查，结果表明，“通过熟人介绍”是公众眼中排名第二的有效方法。

没错，虽然许多成功者并不待见熟人，他们在成功之后往往非常注意自己与熟人的距离，避免招来假公济私的嫌疑。但实际上，没有一位成功者是从不让自己假借熟人力量的。假如你的一位亲戚恰好认识巴菲特，他们是多年的好朋友，你能控制自己的冲动，不答理这位让人羡慕的亲戚，而是打上千个电话到哈撒维公司的公关部门，飞蛾扑火一般地哀求巴菲特的接见吗？我相信如果脑子没有进水，任何人都会果断地找到这位亲戚，请他代为引荐，从而将六步化减为一步。

这是必然的选择，在六度人脉的拓展中，熟人是最受关注的一个环节，他通常位于一度和二度之间，我称他为六度人脉的不稳定因素。熟人既可帮助我们缩短交际环节，同时也有可能让事情变得很糟，假如对方并不喜欢你走捷径的行事风格。

但是，这又符合“大数法则”的验证结果，在多数情况下，我们从中获得的帮助总是远远地大于损失。所以，最大化地利用熟人的力量，是化繁为简的主要原则。熟人能够帮助你认识更多的朋友和关系，你通过他结识的人数越多，预期成为朋友的人数占所结识总人数的比例也就越稳定。

所以，在这种确定的概率下，要想从第一步直接跳到第六步，你要做的工作就是尽可能结识更多的人并把他们都变成你的人际跳板，然后不断地改善和加深彼此的关系，广结人缘，从而条条大道通罗马，聪明而快捷地避开人际交往中的“程序陷阱”。你可能未必每次都能实现理想中的六度沟通，但你一定会因为自己的广泛人缘，在生存竞争中强化自己独一无二的优势：当需要和对手比拼人脉公关能力以获得竞争的额外能力时，你的速度更快，效率也将更高。

寻找你想找的任何人

Part 3

寻找和建立自己的价值，再把它们传递给身边的朋友，并且促成更多信息和价值的交流。把握了这一原则，你就能成为一名人脉公关的优胜者了。

◎“为什么没人帮我？”

有一次，我遇到了一位问题多多愁眉苦脸的咨询者。他是来自芝加哥一家IT公司的墨菲特，是那里的合伙人之一。听了他的经历后，不得不说，墨菲特是一位很有理想并且有着超凡能力的人。他从上世纪九十年代就开始从事IT行业了，始终是各家公司争抢的优秀技术人才，还曾在微软工作过四年。

但是前年，他决心成立一家自己的公司大干一场。他不信财富总是集中在那些大公司的手中。两个朋友找到了他，他们各出了30万美元，成立了今天的这家公司。第一年的时候，公司的业绩呈现上扬趋势，但是今年上半年，情况发生了巨大的变化。他们的业务并不好，而且呈现出越来越恶劣的迹象，眼看就要倒闭了。

“两个合伙人要求撤资，我同意了，我不想连累他们，所以，现在公司只有我一个股东了。”

“困难在什么地方？”

“我需要一大笔钱，投进公司弥补亏损，支付应该支付的成本，公司现在的房租已经拖欠两个月了，员工的工资也有一个多月没有发放了，我的兜里只剩下了几千美元。但是，没有人帮我。”

墨菲特遇到的是大麻烦，他的人脉在此时本该派上用场，但遗憾的是，当他面临困难和绝境时，不但合伙人跑掉了，平时的朋友也没有一个靠过来愿意帮助他。

“为什么没有人帮我？”

很多人会像墨菲特一样发出相似的疑问。我们先看看墨菲特的问题，他向我介绍了自己过去10年来的人际关系，我发现了一个重要的特点。墨菲特的人脉库中，大多是他的旧同事、亲友或者生活中的非利益关系的朋友。只有两个合伙人能够认同他的理想并且愿意一起做事，而且有能力进行金钱投入。其他所有的关系，都具备下述几个非常明显的特点：

1. 以前曾经是同事，如今供职于竞争关系的公司，难以出手支持他的事业。

2. 平时来往很多，但是没有金钱关系，很少涉及利益交换。

3. 和他相处融洽的朋友，但不了解他的工作，而且没有兴趣。

当他出现现实的困难时，很难指望这些人能够帮助他。虽然人们对他可能抱有深深的同情，的确想为他做点儿什么。但第一种人会说：“Sorry，墨菲特，我很想帮助你，但我要保住现在的工作，所以我不能这样做，祝你好运！”第二种人会说：“哦，墨菲特，你知道的，我没有多少钱，所以……”第三种人呢？他们尽管有足够的经济实力，或许也在从事投资工作，但他们会说：“No，我不了解软件行业，墨菲特，我做事之前首先要考虑风险，所以我从不涉足自己不清楚的行业，因此我实在爱莫能助。”

知道问题出在哪儿了吗？一个准备做番事业的人，他的朋友圈中却没有一个志同道合的黄金人脉，这的确是条件准备的不足。他充其量只具备扁平化的一度人脉，连二度关系网都没有。而为自己备好随时可用的人脉存折，结交一批理解你的事业并有能力相助的关系，让关系网产生核聚变的连锁反应，才是解决这一问题的关键。

有着墨菲特一般遭遇的很多人，他们每天都在我们身边吵吵嚷嚷，向你表达他们的愤慨。他们一直在嫉妒那些天杀的好运者：“听着，听着！为什么有些人摔倒了有人扶，上马时有人搀，就算落水了也会有人丢过去一个救生圈？可是为什么偏偏我自己仿佛总是走了‘狗屎运’，当我需要帮助时，没有一个人愿意伸过手来？”

可能你也正面临此种百思不解的境遇，不但心乱如麻，还十分愤慨：我朋友很多，但都不是自己想结交的；我想结交的人，总是难以靠近，自己的人脉庞大，但却价值微小，一旦遇到挫折，翻遍通讯录，竟然找不到一个可以打电话求救的。

这不是运气在作怪，运气的说法简直是荒谬透顶且不可理喻。那些总是相信运气、用上帝不作为来为自己开脱的人，我们也可以对他宣判人生的“死刑”。你为什么缺少财运和关键人脉？其实不是你运气不好，而是你结交人脉的方向和方法不对！

我可以帮你分析一下那些走运的人，他们无一不是广交朋友、善结人脉的高手。不但如此，他们的朋友通常遍布于各行各业，无论政治领域还是商业领域，或者是投资界，他都能找到重要的资源为己所用。换句话说，他们不但总能成功地获得生意或信息上的“第一手资料”，事事都在人先，而且也总能得到他们第一时间的帮助，只要他一个电话，一个短信，他需要的资源就会源源不断地而且是及时地到达。

真正的成功者，都具备获取“第一手资料”和“第一时间帮助”的能力。

首先，你要建立并不断拓展可以为你提供“第一手资料”的人脉。

人脉最重要的价值在某种程度上，并不是在为你提供直接的援助，比如他们帮你管理一家公司，帮你处理某件事，而是能够向你提供多少有价值的信息。一个人可以做成多大的事，我们只要看看他的朋友拥有多少“第一手资料”就可以了。

杨耀宇是台湾证券投资界比较知名的人，堪称将个人人脉发挥到极致的典范，在信息的获取方面超越了对手，因此才总能无往而不胜。开始他只是一家投资公司的副总，后来成了另一家公司的财务顾问，接着就担任五家分公司的董事。他的身价达到了多少？一亿元台币。

请听他自己说："我取得现在的成绩并不奇怪，因为我的人脉网络遍及各个领域，上千、上万条，数也数不清。很多时候，一通电话抵得上十份研究报告。"他能够从自己的关系布局中第一时间得知重要信息，快速作出正确决定。这对普通人来说鞭长莫及。事实就是如此，人脉资源丰富并不奇怪，许多人都有大量的朋友，每天吃吃喝喝，谈天论地，但什么价值都没有，对重要的问题——比如怎样找到一门稳赚不赔的生意，或者行业内有什么内幕等等一无所知，朋友再多也只能陪着你消耗时间，虚度光阴。只有可以提供"第一手资料"的关系是最有价值的。

这样的关系越多，你赚钱和解决问题的门路也就越多，你的人脉档次就越高，钱也就来得又快又多。这堪称不争的事实！所以当你发现自己走投无路时，千万别像墨菲特那样抱怨自己的财运或人品不好。你应该明白不是运气在阻碍你，而是你自己的人脉布局有误，你没有找到自己需要结识和想结识的那些人，所以你很难成功，即便成功了也可能被意外因素拉下马来。

这就是六度人脉动态经营的本质，有多少朋友和可联结到的关系，只是一个表面的数据，没有太大的实际意义；有多少关键的朋友，才是你应该关注的。我们交友的目的如果需要功利，那你应该关心的是他们可以提供的信息，第一手的资料。这可以让你不费吹灰之力就如愿以偿，从一贫如洗摇身一变荣登上百万富翁的宝座，或者总能渡过难关，死而复生。你的命运会发生天翻地覆的变化，而这除了你自身的能力之外，还与你的关系网可以给你提供的营养有关。

其次，你要拥有在关键时刻愿意拉你一把的黄金人脉。

找一个在自己落水的时候能够伸手帮助的人，对你我来说都是非常渴望的一件事情。我有一个朋友，跟我讲了他在国内的一位亲戚的故事：

> 他是我远房的一个堂兄，在县城的化工厂待了六七年，积累了一些技术和经验，攒了10万块钱，就辞职下海开了一家小的化工贸易公司。他很有雄心，眼光也不错，经营理念方面也有一套，所以是一个做生意的人才。但是，去年他垮掉了，不但公司开不下去，还欠了一屁股债。说起来原因很简单，遇到资金周转问题了，短时间内没融到钱，就轰然倒下，撑不下去了。

一个很有经营头脑、公司前景一片大好的人，本该拥有一份成功的事业。但就因为在需要钱周转的时候，找不到那个能够出手相助的人

（机构），很可惜地葬送了自己的前景。不得不说，这样的事在我们身边经常发生。为什么许多小公司的老板融资困难？因为他们平时在关键人脉的积累上存在问题，不但和银行信贷部门的关系不好，和民间融资机构的关系公关，做得也不到位。另外，平时结交朋友时，也缺乏这样的眼光和能力。

一个可以在关键时刻伸手相助的人，他往往具备以下三个特征：

1. 和你的关系亲密，联系频繁而且紧密。

2. 有强大的经济实力或智慧（可以帮你出点子）。

3. 理解你的内心和事业，通常你们两人拥有共同或相似的价值观，对你有深度信任。

你可以翻开自己的人脉手册、通讯录以及检索一下自己的关系网。在你所有的关系中，对他们进行逐条地检验，看一看这样的人有多少。如果非常稀缺（只有一两个）甚至一个都没有，那么一旦遇到麻烦，你只能孤家寡人独自奋战，只能发出墨菲特的哀叹，听天由命。但如果你早早地意识到这方面的问题，制订相应的人脉拓展计划，有针对性地去结识这方面的关系，从现在起，你每走的正确的一步，都是在为自己的将来积累雄厚的关键性的人脉力量。

◎"为什么他可以一呼百应？"

成功者的经验一般都是相似的，无非他们具备了几项重要的素养并发挥到了极致，但失败者却会有无数种从不重复的失败的理由。这些理由叠加在一起有个共同点：很少反思自己，大多数时候只是抱怨或者羡慕别人。

有一次我和客户谈到了马云，他很委屈地说："我的条件不比他差，为什么他有那么多追随者，我却步履蹒跚，鲜有人助？"

这的确是一个"奇怪"的现象：他和马云比起来，本身的管理能力和对业务的眼光并不差，有些地方看起来，他还具备马云并不具有的稀缺品质。至少在他自己认为——某些品质也经过了他的亲朋好友的一致认可，他完全可以成为第二个乃至最好的"马云"！

但事实却是，马云成功了，他没有。马云是一呼百应的商界领袖，早已功成名就，他却是还在艰难挣扎、勉力支持的小企业主，前途一片黑暗。

争取到大多数人支持的素质确实是一种常人难以企及的能力，但这并不意味着它很神秘甚至只有少数精英可以拥有。强者赢在人脉场，他们人脉众多，关系网牢固，最强者（那些举世罕有的天才领袖）则更进一步，他们赢在自己对于关系和资源的号召力。

他想做一件事的时候，可以让支持者牺牲短期利益无怨无悔地追随他。

他遇到困境时，只消一个电话甚至一个暗示，就会有无数的资源和朋友向他奔跑过来，主动听他调配，助他渡过难关。

他在某些领域的观点被非常广泛地视做一种思想，受到从业者的膜拜、效仿和义务推广，而不是受到许多人攻击。

这样的人，显而易见已经不仅是人脉场上的领袖，他们居于六度人脉体系的中央，拥有呼风唤雨的能力。他们是商界的明星，人类这个大群体中富有革命性的行业精英。但是当我们查看这些人的创业初期时，又能看到他们其实并非那么顺利，至少没有你想象得那么轻而易举。在起点方面，他和你是平等的。这就告诉我们，强者的人际能力和将优势人脉为己所用的本领，是可以学习和复制的。你只要不断地学习，获取经验，不断地积累这方面的人脉，你就能成为马云那样的人脉领袖。

一个可以被我们截取下来让人思考的场景是：在马云最困难的时期，他手下的骨干员工每月只能拿着五百块钱的工资，刚好达到填饱肚子的水平，却热情高涨，干劲十足地给他卖命，没人抱怨，也没有人拒绝他的指挥。

做到这一点其实并不需要深奥的人际理论，就像美国的大富翁们都在自己的传记中提到的一样，他们认为人际关系的成功所必备的首要因素，就是坦诚地对待所有的人。坦诚，一个简单的词，你只要成为在别人眼中最坦诚的人就可以了。做一个坦诚的人，就可以给我们呼风唤雨的底气。你要让人们信任，愿意将一些资源交给你以换取明天的高回报，你需要给别人这种印象。

这就像客户在你这儿存了一笔钱，客户相信你会将他们的这些钱升值并给予红利回报。这样在你命运的紧要关头，这些资源就能够用到"刀刃"上，这是人脉强者的成功所在。

我曾经向美国的一些创业者提到宋江，中国演义小说《水浒传》中的人物。宋江是怎样成功的？他为什么拥有那么强的号召力？他的成功经验几乎每个人都可以拿来借鉴，因为宋江做到的那几点，每一点都扣准了六度人脉理论的核心原则。

宋江起初是想好好为国效力的，但在对朝廷失去信心以后，他就带领花荣和燕顺等人上梁山。在半路上的一家饭馆里，因为座位问题，燕顺等人和石勇发生了冲突。石勇口气很大，说了一句很有名的话，大概就是他天下只让得两个人，其他的人都不过是他脚下的泥巴罢了。这两个人一个是柴荣，另一个就是宋公明（即宋江）。

石勇说，全天下除了这两位，其他的就算是皇帝，他也不服。由此可见宋江在江湖上的名望，充分表明了他的人际手段。

他的这种影响力是怎么得来的？

第一，就是前面讲到的坦诚。宋江对每个人都很真诚，真心跟你交朋友，推心置腹，平等沟通。这一点，三国时的刘备也有得一比，但却不如宋江做得彻底。所以我一直有个观点：“一个人对其他人的号召力，不在于他的地位、财富，而在于他够不够坦诚。”这是人的本性决定的，人都希望得到尊重，你尊重他，他就尊重你；你坦诚以待，他自然也不会虚伪。做到坦诚对人，就等于打开了顺畅沟通的大门。

第二，多给予，少索取；多感恩，少指责。这是所有的伟大品质中最受人欢迎的一项素质。比如宋江，深谙人情之道，他善于花钱救济别人，济人之困，解人之危，这在别人眼中就体现了一种不可或缺的价值。你经常解决他人的困难，指点他人的困惑，当你需要别人相助时，得到的回馈也会更多，这是一个很简单的人际规律。但因为大多数人都难逃自私本性的束缚，目光短浅，只想进不想出，处处占小便宜，就怕别人得了好处，所以，他们很难通过给予建立自己的号召力。

北京有一位做火花生意的吕先生，就是很好的例子。我知道他的故事，是在一次和国内同行交流的论坛中。众所周知，我们中国人有一个观点，叫“做事先做人”：只要你把人做好了，做事就顺利；做人都不行，做事更没谱。这位吕先生就是做事先做人、以自己的品质赢得人生的典范。

他以前是一名小学的美术老师，非常普通的职业，在你看来可能就是一份混日子的工作，富贵不足，温饱有余。但是吕先生不这么想，他想发展自己的事业，而且是通过踏踏实实地苦干，同时也真诚地向他人求助。

有一天，他找到了一个机会，在杂志上看到了一篇报道，有人用火柴商标引发学生们的写作灵感和学习的兴趣，效果显著。于是，他灵机一动，这是一个好的开拓自己事业的方向，决心收集火花。可是火花从哪儿来呢？他想到了写信，一口气写了两百多封恳切的信到火柴厂。然后过了没几天，他就拥有了几百枚精致的火花。

第一步的成功，激发他更大的信心，接着他认识了一个很有实力的花友，两个人聊得无比投缘。这名花友被吕先生的人品折服，不但送给了他几十套火花，还将他认识的花友介绍给了吕先生。这时，他的人脉关系就发生了积极的连锁反应。由一度向二度、三度及六度人脉的空间拓展。最后，吕先生认识了来自全国各地的花友，和他们之间建立了非常紧密的联系，互通有无，交流心得。

他的名声渐渐地传开了，先是在一些专门的刊物上发表相关的文章，成为了知名的专业撰稿人。他的火花藏品还得到了国际火花收藏界的一致认可，成为国际收藏组织的成员。后来，当他决定要举办一次火花藏品展会的时候，提议一出，立刻得到了大面积的回应和支持。他不仅成了展会的组织者，还借这个机会成立了一家火花制作公司，名利双收。

吕先生的成功，表面上看得益于他后来表现出的号召力，提出一个想法，支持者云集，集思广益，助他成功，实质上是因为他的待人态度，和在前期的人脉积累。他广交友，多建网，人脉维度不断扩展，从一维到六维，从北京到全中国，甚至扩展到了全球，于是他的命运就发生了奇迹般的变化。机会开始源源不断地光临他，许多人都会帮助他，与他一起组成一个拥有共同信仰的理想的团队，他的成功便是理所当然的了。

◎走不出去的人脉困局

第一困局：人脉资源虽然丰富，但却杂乱无章。

一个人随着自己的成长，结交的朋友当然会越来越多。除了那些特别孤僻的人，我们都会有自己的一个丰富的人脉库。但是，很多人都会遇到这样的情况，他一遇到紧急情况、突发事件，往往就会手忙脚乱，不是想不到那些有能力解决问题的人是谁，就是忘了那人的电话号码和其他联系方式，常常因此耽误时间错过机会，给自己造成不必要的损失。

他有许多朋友，可却杂乱无章，无法具体定位，陷入一种无奈的困局。要想解决这样的问题，就得为自己绘制一张人脉资源网络图，让自己的人脉资源一目了然，方便随时检阅，然后有目的地去进行拓展，才能有条不紊地管理人脉库，最大化地利用自己的人脉价值。

这绝不只是一个简单的通讯录，里面的内容不仅要注明联系人的电话、工作单位，还要有更详细的介绍，比如联系人的自身情况、习惯、特点，联系方式中的手机、固话当然不能少了，像E-mail、QQ、MSN等实时的联系方式也非常重要。总之，这项内容越多和越详尽越好。在绘制一张内容翔实、条理清晰的人脉资源网络图时，我们需要细心和耐心，更要有足够的恒心，不断积累，同时让自己的人脉库有条理，清晰可见，随时可用，才有利于六度人脉的拓展。

从本质而言，这其实是对人脉资源的有效整合。我们要根据联系人的不同情况，制定出不同的联系方式和频率。那些对于自己的事业能起到关键、重要、决定作用的核心人脉资源，比如你的顶头上司、老板、关键的同事和下属、对于你的事业发展能够产生重大影响的客户，以及其他可能影响职业与事业发展的重要人物等，我们要采取多种方式保持高频率的联系；对于其他部门的领导、同事、非重点的客户和关系稍微不错的同学与朋友，我们可以用最快捷的方式保持经常的联系；除此之外的其他联系人，偶尔电话和发邮件等联系方式也很有必要，但不需要投入过多的精力。

这样，你就不会因为与重要人物失联而困惑，不会付出无谓的成本，而是能够有的放矢，提高人脉经营的效率。

第二困局：本末倒置，忽视最重要的少数关系。

你一定知道意大利经济学家帕累托提出的一条著名的“二八定律”，简短地说，二八定律告诉我们：“2”虽少数却精英，“8”虽多数却普通。在任何特定的群体中，重要的因子通常只占少数，不重要的因子则占到大多数。因此你只消控制重要的少数，就能控制全局。这个比例大概就是2∶8。

六度人脉的开拓又何尝不是如此？我们如果悉数自己的人脉，你可能会发现，往往是一两个重要人物在决定你一生的前途和命运，对你的人生起着无比重大的影响和决定作用，其余的多数人脉，实在作用有限。所以我们不能也没有办法将自己的时间、精力等等平均分给每一个朋友，你不可能像对待重要人物一样对待你认识的每一个人。在处理人际关系时，一定要对他们有所区别，合理分配精力。

具体原则就是，我们必须对影响或可能影响我们前途和命运的20%的重要人物另眼相看，在他们身上花费掉你80%的时间、精力和资源。而对另外的80%的不那么重要的关系，只消付出20%就可以了。如此，才能不至于本末倒置，使自己的人脉投资获得最大的投入产出比。

现在，为什么很多人对自己的人脉付出巨大，但却回报甚微呢？就是因为他们没有抓住事情的重点，忽略掉了最重要的少数关系，却把大量的时间都投放到了一些无足轻重的次要关系上。所以这个人脉的二八困局警示我们，要注意发现并重点对待关键人脉，付出多数精力，尽可能地与他们保持良好沟通，亲密相处，以便随时可以收到回报。

第三困局：只和固定的人交往，难以突破人脉之墙。

许多人在他们的人际圈中，存在着一种交往范围被固定的趋势和现象。比如，他们在一年之中只和几个固定的朋友或联系人保持着交往，除了上司、同事、客户，以及屈指可数的几个朋友、亲戚，就再也没有额外的人际联系了。这导致了他们被关闭在了一个僵化的圈子内，能够利用的资源就是这些。当一个人处于这种人脉状态时，我们就可以断定，他事实上没有办法取得自己生活或者事业上的突破，获得上帝给予的惊喜。

为了避免造成人际关系的紧张和破裂，或者在需要帮助时却找不到可以出手相助的人，你就不能只和固定的人交往，而要跟各种各样的人打交道，拓宽自己的人际网，这样才能突破人脉困局，让自己的人脉资源有所补充和壮大。

第四困局：掌握不好关系距离，招致他人反感或疏离。

我们与他人的关系越亲近，往往就越容易变得任性和不客气了。中国古贤孔子有句话："近之则不逊，远之则怨。"虽是用来形容女人，但用在人与人的普遍相处方面，也极为精辟。你和对方关系很好，这挺不错，但如果距离没掌握好，太亲密了，就容易说出伤害对方的话，或者不遵守约定，闯入对方的私生活等等。于是，你们之间就会由于这些小事而伤害了感情，破坏彼此之间的信赖关系。

但是距离也不能太远，否则就互相失去了吸引力，从朋友变成了陌生人。明明是一对好朋友，知己，能够互相提供更大帮助的关系，你却刻意地经常几个月不联络，对方请你吃饭，你也找借口拒绝。一次两次还行，如果时常如此，对方也就会疏远你了。这就等于你错过了上天赐予的"礼物"，白白浪费掉了宝贵的人脉资源。

第五困局：爱管闲事，给他人留下"突出自己"的坏印象。

我见过爱管闲事的人，他们天生是朋友圈中的调停者角色，或喜欢将别人的事当成自己的事来做。他们承担着很多的任务，使命感也很强，总觉得这些事我可以替你们做。也许出于好心，但在大家眼中，却会留下一个"总是那个人来做"的坏印象。周围的人在和你相处时，变得十分被动，成为纯粹的无所作为的旁观者。你觉得他们会感谢你吗？不会的，只会给你贴上一个"讨厌的爱管闲事"的标签。

一个人如果处处突出自己的能耐，忽视给别人留下表现空间的重要性，就会成为人际场上"能力虽强但就是不讨人喜欢"的怪家伙。这是一种优秀惹的祸。在我看来，也是一种强者困局。想冲破这个困局，有时候你就得变得适当地弱一点儿，不要每次都去承担这些义务，给其他人留下或者主动创造一些表现机会，做一名沉默的看客，反而效果比较好，容易招人喜欢。

第六困局：自命清高或羞于表达，和人相处缺乏主动。

清高者和害羞者有一个共同的特点，在人际关系中严重缺乏主动性。他们虽然内心火热，期待和人沟通，但外在的表现却反常之极，总是一味地等待别人来邀请他，期望以一种高高在上或居高临下的态度去与他人相处。

但是别人不是傻瓜，也并非每个人都愿意在你面前委曲求全，因此清高者和害羞者的人际关系一般都较差，且不会有所拓展。对于解开这类困局，就须使自己具备主动性。你要主动靠近别人，放弃“高贵”，让全身散发出“谦虚”的气场。这很重要，意味着你在求得对方的原谅和尊重，以改进自己的形象。

不过，主动的做法很重要。当你邀请别人的时候，最好别“一对一”，而是尽量同时邀请两三个人，这样做就不至于和个别人过分亲密，也可以避免你的拘束与尴尬，充分激活讨论的气氛，给自己一个放松的空间。

请相信，一个能够爽快地向对方发出邀请的人，他在别人眼中的印象也会逐渐变好，之前的清高孤傲或腼腆羞涩的坏印象将一扫而空。也许在刚开始你可能有一点儿不习惯，但试着多做几次以后，你就会发现主动沟通与谦虚的态度会让你的人际交往变得愉悦。

第七困局：公私不分，将私人关系与工作关系混为一谈。

永远不要让你的私生活和你的工作联系在一起。切记，这在他人眼中留下的对于你的评价至关重要。在工作面前不能论任何交情，比如在公司，如果你在工作时对于和你有交情的人给予了特别关照，疏忽了自己的职责，那将证明你是一个公私不分的人。或者你喜欢利用工作关系来大搞结盟，形成自己的小圈子和小团队，为自己牟取私利，也将极大地毁坏你的人脉形象。这虽让你暂时得利，但长久看，必会使你陷入一种不良的人脉困局：在他人眼中，你将是一个破坏规则、牟取私利和残酷无情的人。

你也不要为了一己私欲（比如一些金钱利益和虚荣心）而去有意地刁难别人，特别是自己的下属和客户。如果你觉得自己很强，对方有求于你就不敢反抗，那就大错特错了。现实生活中，我们能发现很多公私不分的人，比如公司的某些管理人员，他们的行为有时并非反映在以权谋私和疯狂地占敛公用资源上，而是表现在他不能容忍下属对于自己权威的忽视以及冒犯他个人的尊严，或者客户对于他偶尔的不礼貌，都会让他怒火中烧，继而在工作中公报私仇。伤人八千，自损一万，这都将毁坏自己的人脉形象。春风得意之时，尚还好说，一旦你虎落平阳，哪一天遇到了挫折，跌了大跟头，需人相助时，你就只能体验无人理睬的凄凉了。

第八困局：缺乏互动和对人脉的深入发展，以为关系只要确立就可以永远保鲜。

人与人之间的关系是在不停变动的，不可能出现一种关系会一直保鲜的情况。有时两个人相处，未必会越来越互相信任，也有可能变得互相猜疑和失控，乃至破裂。所以要想保持新鲜的友谊，我们必须适当地与关系人进行互动。一旦关系静止，不再投入，彼此就慢慢地疏远了。人脉的拓展和管理就是这个道理，关键在于互动，因为不进则退。

朋友是需要经常走动的，如果长时间不走动，朋友也就不再是朋友了，这是一个很残酷的现实。就像一盆花，如果不经常浇水呵护，它即便盛开得再妖娆多姿，也会加速凋谢。所以，对于你自己关系网中的朋友，平时有时间一定要多聚一聚，不能经常见面的也要保持一定频次的固定联系。就算在节假日发一条短信或者打个电话，也能起到保鲜和保温的作用，总比置之不理要强得多。

第九困局：以利为先，怀着功利心态交友，只想索取不想付出。

你是否很讨厌唯利是图的人呢？答案一定是肯定的，没有人会不对唯利小人敬而远之。他们就像是“万能胶”，一旦把你粘上就很麻烦。这种人只想着占便宜，绝不吃一点儿亏，占不到便宜就立马不理你。可也正是这种人是最多的，他们怀着一种无比功利的心态去结交人脉，以利为先，只想无穷无尽地索取，一点儿也不想付出。

实际上，抱着利益的目的去交友，过于直白地表露意图，总用利益的标杆去衡量自己的关系，就会让自己全身充满铜臭，变成一个人脉场上的商人，而不是一个大气的值得一交的朋友。解开这一困局只有一个办法，让自己远离世故，不再张嘴闭嘴就是钱，不要整天想着占便宜，多付出，少索取，才能改善他人对你的印象。

第十困局：识人不善，人脉越多反遭其害。

君子与小人势不两立，人脉场上不乏对立的两种人。区别在于，有些人有一双识人慧眼，能够分辨出来，择优去劣，结交君子而远离小人；有些人则缺乏识人的眼光，交不到君子，却交了一群小人。于是，关系越多，反而危害就越大，最后近墨者黑，被小人所误。

拓展人脉，结交朋友，识人是第一位的。怎样看君子和小人？哪些人是自己应该交的，哪些人又不值得深交？我认为建立自己的人脉预警机制非常关键。你可以给自己确立几条识人和交友的标准，对于那些小气和爱在背后说人的家伙，貌似正义实则小肚鸡肠的关系人，或者只知道趋炎附势之徒，就要小心了，绝不可交；相反，对于向来坚持原则，虽然有些迂腐却讲诚信重气度的人，一定要好好珍惜，因为他们才是真正有用的朋友。

同时，你的阅历也很重要。学会判断一种关系的价值和一个人的秉性，要综合自己的经验和对方的表现来作出客观定论，而不可凭借一时意气。这需要你不断增加自己的识人经验，并冷静和理性地长期观察然后作出选择，切不要一时冲动就给对方打分，以免作出错误的评价，追悔莫及。

突然有一天，你也许发现自己像被绳子捆住了一样，还被投进了一处深不见底的陷阱之内。你遇到了麻烦，大声呼救，但外面很多人走过，却无人过来搭救一把。你会想这是什么原因呢？在自己的身上究竟发生了什么，让这些本可以将你拽出去的家伙对你视而不见？

需要处理的问题有时并不止上述10个，但这些困局在我们的身上体现得最为明显。它们或明或暗地如影随形，有时要伴随你一生，成为你在结交朋友时的一大缺陷。你本能够表现得更好，但因为它们的存在，你的价值被压抑了。要解开这些锁，就得找到适合的钥匙。相信我，当你认识到这些问题在你的生活中造成的恶劣影响有多么严重时，离找到钥匙打开锁的这一天就不远了。

◎六度人脉是价值传递，不是信息营销

第一，请建立你的价值。

我一直在公关培训课程中讲到“价值”。有人会觉得：“人脉拓展是以价值为依据吗，难道要拿着利益的尺子去丈量每一个人对自己有什么好处？”主观视角的无意识存在常让人不由自主地产生上述想法。其

实，价值首先是针对自己的，更贴切的说法就是你的“被利用价值”。

当你需要对自己的人脉做点儿什么之前，你须冷静地问问自己：我对于别人是一个有用的人吗？如果你无法被人利用，就说明你不具有价值。就像我们职业规划的唯一目的就是提升自己的“被雇用价值”。没有被雇用的必要，你的职业规划就是失败的。同理，你这个人越有用，就越容易建立强大而牢固的人脉关系。

“先生，你需要我做点儿什么呢？”

“哦，朋友，我有一个麻烦，或许你能帮我解决。”

看，这就是关系的入场券。当你能够为他人排忧解难时，你的价值就建立了。在你们之间，就拥有了稳固的关系基础。所以我们才说，六度人脉的实质更是一种价值传递，而不仅是信息的传达和营销。信息往往是我们的目的，你告诉对方你是什么样的，你想要什么，但这远远不够，甚至如果你只是展示了这些，对你的人脉计划还会起到负面作用。

很少有人能和与他的地位相差太远的人建立真正的人脉。因为他们之间能够互相提供的价值并不对等。即使你在某一天通过不超过六个人的环节有幸地与李嘉诚建立了联结，他也不会对你有兴趣——你还不如认识长江实业集团的VP（副总裁）或CEO更有价值。李嘉诚不需要你，如果你不能提供什么的话。你即便通过六度理论和他建立了联系，也只能奢望他给你一些施舍，还要看他的心情好坏。巴菲特、奥巴马、罗杰斯这些人对你来说也是如此，你不能传递某种价值，就算只动用了一度人脉就坐在了他们的客厅里，得到的收获可能还不如在路上捡到了100美元。

因此，这就像建立某种品牌，当你匆忙地花费精力和漫无目的地认识朋友时，我建议你不如事先确定好自己的价值定位，然后再对目标顾客进行有针对性地传播。先让对方认可你的价值，再寻求将对方纳入你的人脉库。这将是比较理性务实的做法。

第二，向他人传递你的价值。

你所拥有的必须勇敢、大度而且成功地被传递出去，才真正具有了让你获得回报的意义。一个总不愿被人利用的强者，他也难以建立真正的人脉。你再怎么出色，或者有钱、有资源、有能力帮助他人，可如果你吝啬而又狡猾，固守大门，不轻易给人一粒米，或者你将自己的价值隐藏得很深，也没有办法得到对方的尊重和好感。

在人脉拓展中，我们要善于向对方传递自己的可利用价值，才能促成彼此交往的机会，获得对方的信任，并使他对你产生某种需求。

在传递价值的过程中，有两种心态是绝不可取的：

○傲慢和自我封闭

一些大公司的中高层员工常犯此类的错误，他们喜欢递出名片，乐于向外界传递他们的不凡价值，但却优越感十足，让人望而却步，产生厌恶之情。许多人常以身为某500强公司的Director（董事）或者VP为傲，在社交场上流露出“我这样高的职位，理应获得你的尊敬”的傲慢心态，结果伤了对方的自尊，反而不会起到什么好的效果。因为一个言行傲慢的人，对别人来说不但没有价值，反而令人生厌。

这些人的心态在本质上代表着：你有求于我，我能帮到你，但你对我没什么用处。所以他们很难放下这种虚荣的满足感，采取谦虚的待人态度。他们的学习能力也往往较差，容易将自己封闭起来，看不到别人的优点。

○自以为超脱的愤青心态

很多人在公关网站上都会注明自己的职位或公司名称，像总监或总经理等是常见的身份，这很正常。职位代表了你的可见和潜在的价值，应该老老实实地写清楚，明白无误地传达给他人。但有一次，我在某交际网站看到一个人，他在自己的职位处不无揶揄地开起了愤青玩笑，写道：我是经理，却不知经理价值几何？

他在显示自己的超脱，很有一种愤青的味道。看起来与众不同，却是在给自己营造某种负面形象。要知道这是一个无边无际的陌生人社会，所以我们才需要六度理论。大多数人在看到你的资料或接触到你时，通常是在几秒钟或一分钟之内就判断和你交往是否有价值，甚至决定是否还要跟你联系。如果你给人一种特立独行的孤僻心态，就连自己的职位和从事的职业都不尊重，我想超过一多半的潜在人脉都会第一时间选择放弃你。

你如果不尊重自己的价值传递，说明也不会尊重别人。在人们眼中，事实往往如此。这条判断的标准源于人们的潜意识，并不受主观控制，人们本能地会如此认为，并把你的资料快速翻过，或者移进回收站。

第三，你要明白，向他人传递他人的价值，是人脉关系中的一个重要周转站。

你经常会遇到这样的情况：有一个很好也很有价值的朋友，但你们平时很难碰上一面，大家都很忙，忙得没有时间联系，忘了对方的存在。这在六度人脉中，就是一种没有产生应有价值的沉淀资源。然后，当你和另一个朋友吃饭时，他告诉你他遇到了一件难以处理的事情，已经很久了，都没办法解决，想求你帮个忙。你这时想了半天才突然一拍大腿，惊呼："我有一位十多年的好朋友，他是这方面的专家，他完全可以帮你解决！你为什么不早点儿说呢……"

但问题是，之前你为什么没有介绍他们认识呢？他从来没有听说过你有这样一个朋友，又怎么可能早点儿告诉你？还有一个场景是，当你需要向这位朋友介绍自己的关系人时，却发现你和那位关系人已经许久没有联络，关系早就生疏了。你打过电话去，对方的态度非常冷淡，心里会想：这人只在用得着的时候，才给我打电话，不理他！

实际上，这里体现了一个非常重要的问题：如何让我们的人脉网发挥最大的价值。也许你自己很有价值，你的身边也有不少朋友各有自己的价值，他们擅长各个领域的工作，那么你为什么不把他们联系起来，彼此传递更多的价值呢?

向他人传递他人的价值，让自己变成一个重要的价值周转站，你的作用将无限扩大，在朋友中间的地位也将变得无限崇高。如果你只是接受或者发出信息的一个终点，那么你的人脉网产生的价值将是极为有限的。所以我们的目标应该是让自己变成信息和价值交换的枢纽中心，从而促成更多的机会，巩固和扩大自己的人脉网络。那么别的朋友也更乐意与你交往，你也能促成更多的机会，从而巩固和扩大自己的人脉网。

这是建立强有力的人脉的基本逻辑：寻找和建立自己的价值，再把它们传递给身边的朋友，并且促成更多信息和价值的交流。把握了这一原则，你就能成为一名人脉公关的优胜者了。

◎寻找那个人：方式比方向重要

在人际关系的公关领域内，我从来都不认为提出问题就是解决问题的一半，只要发现了正确的方向你就能顺利地达到目标，拔下帅旗占领阵地——因为做事的方法永远都特别关键。当你在半夜突然感到肚子饿了的时候，你会走进厨房吃掉一根香肠。你能想象得到这些美味的材料将进入肠胃，化做养分。

这是毋庸置疑的，但你将怎样制作这一场不算丰富的晚餐呢？拓展我们的六度人脉就像制作一场烛光晚餐，一个有序的流程和安排妥当的步骤的意义远远大于最后张开嘴巴把它们吃掉的最后一步。

这是我在本章的终极建议：找到一个人并不困难，重要的是和他发生联系。你需要一些特定的方式。

伊索寓言中讲到了一个故事：

> 一群老鼠跑到一块儿开起了大会，商讨它们怎样才能不被可恶的猫抓住吃掉。对老鼠来说，躲开猫的利齿永远都是一个大难题，所以这个讨论很有意义。其中有个老鼠提出建议："嘿，我们可以在猫的脖子上挂一个铃铛，当它走过来时，我们都能听见并且迅速地逃跑。"顿时，全体老鼠欢声雷动："哇，这个主意真是太好了！"但当有只老鼠问大家，如何才能将铃铛挂到猫的脖子上面时，老鼠们马上就鸦雀无声了。

为什么呢？想法是好的，但是方法不具备可操作性。不管解决什么问题，方法都比想法更重要，或者说一个没有正确适用的方法对应的想法，在人际公关领域内是毫无价值的。

"在某些特定的时候，方法永远都比目标重要，你相信吗？因为方向大家基本都是相同的，许多人之所以失败，并不是因为他的战略和视野出了问题，而是缺乏相应的战术手段。”

当我讲到这个观点时，来自加州电器的公关经理卡乔先生深表同意。他说：“没有成熟的策略和对于公关方法的判断力，比找不到正确的人更为可怕。人们在选择方向的时候出现错误的概率并不大，致命的失误通常发生在向正确的方向前进的过程中，我们某些具体的措施出了问题。”

卡乔的切身经历就很具有说服力，他在向加州的某连锁超市进行空调销售时，遇到了一次让他难堪不已的人脉阻碍。为了得到超市负责采购的副总裁努内斯的青睐，卡乔绞尽脑汁。

他首先向努内斯的办公室打电话联络，效果很差，努内斯的秘书毫不犹豫地拒绝帮他转接，因为这几天向超市兜售空调的商家实在太多了。努内斯感到不耐烦，秘书也很烦。卡乔知道，正常渠道是不可能获得营销竞争力的，努内斯就算接受了他的资料，也很可能不会正儿八经地瞅上一眼。

卡乔必须另寻捷径，找一个好办法。事实上他也是这么做的。他的第二个办法是探知了努内斯的私人电话，在一个他自认为最合适的时机：晚上六点左右的时候——这时努内斯刚下班，正走往停车场，没有处理工作，也没有现身餐桌，可能是一天当中最有闲暇接听一个陌生电话的时候。他打通了努内斯的手机，说了三句话就被挂断。

“嗨，努内斯先生，晚上好。”

“请问你是谁？”

“我是加州电器的销售经理卡乔，请恕无礼，这个时间打扰你。”

“哦，卡乔先生，有何贵干？”

“是关于贵超市空调采购的事宜，我想……”

当卡乔兴奋地刚要介绍自己的想法时，电话挂断了。努内斯一点儿兴趣都没有，尽管他联系到了自己的公关目标，但还是无法达到目的。他需要找到更好的办法，而不是硬打硬冲，最后吃到无情出局的苦果。

我们要认识一个人，会有一万种手段，其中必然有最好和最坏的途径。对卡乔来说，最坏的途径就是前两种，直接打电话联系进行销售公关，他撞了两次墙了，客户没有给他任何机会。最好的途径是什么呢？卡乔陷入沉思。他必须要快一点儿，时间不等人，许多竞争对手正排成长队在超市的门外等候机会，努内斯很快就要作出采购决定了。

卡乔为此苦恼不已。第二天的晚上，他和一个朋友吃饭时谈到了此事，抱怨再无进展，这项潜在业务就泡汤了。朋友听了却眼前一亮，说：“努内斯？上周他的妻子曾到我妻子的珠宝店订购了一些项链，她们言谈甚欢，约好这几天去取货。”

“她们以前认识吗？”

卡乔眼前一亮，他突然意识到，这也许是唯一的机会。经过朋友妻子的热情引荐，他成功地装扮了一下自己，“伪造”了一个身份，作为她的朋友见到了努内斯的妻子，在珠宝方面给了她一些建议。这次见面谈得十分愉快，卡乔在最后提到了自己的想法：“我很想向超市推荐本公司的产品，但苦无机会与努内斯先生诚恳地面谈。”

事实证明，努内斯的妻子最终起到了所有的正常途径所无法达到的效果。她吹了枕边风，将卡乔形容成一个热情而善良的好人——人在生活中的平易形象要远比工作中时刻离不开利益的面孔富有亲和力。努内斯勉强同意给卡乔半个小时的时间，听他介绍产品的各项性能和具体的服务条款。卡乔利用这个机会，充分地展示了加州电器的性能优点和价格优势。他还当场许诺再打一些折扣，并给予超市更多的优惠条件，比如增加售后服务的项目，可以免费更换因超市人为问题出现损坏的部分构件。

最后，加州电器成功中标，击败众多强大的对手，拿下了这家大型连锁超市的空调改造项目。卡乔不仅赢在了本公司过硬的产品质量上，关键的是，他赢在了让努内斯能够更专心和更用心地听取自己对产品的介绍上。他通过联系人身边的私人关系成功地与之搭线，建立了区别于竞争对手的沟通渠道，然后实现了目的。

正确的做事和做正确的事有什么重大的不同呢？一切比较的前提都是你做的是什么事——你的选择和自己的需求紧密相连，你需要先弄清自己的需求是什么（记住，需求并非欲望），如果没有这个前提，那么你的方向就丧失了意义。

当明确了你的需求后，努力自然而然地就会朝着你选择的方向发挥积极的作用。而这些努力，又区分为主观和客观的方法，对你个人的智慧和价值观考验甚大。在到达目的地之前会有很多条路供你选择，有直路也有弯路。当你不幸选择了弯路之后，即使你开车前行，用足了马力，也未必比用步行的方式走直路快，更何况当你选择了直路后完全可以直接开足马力向前行驶，以最快的效率利用最棒的方法。

我们可以拿S来比做目标，V比做努力和方法，T则是时间：

假设$S=S_1+S_2+S_3+\cdots\cdots$，而$S_1$、$S_2$、$S_3$……中又有许多种长短不一的路线，那么你的每一次“选择”就决定了S_1、S_2、S_3的长短。这样，S的长短也会跟着确定。

在这两个变量当中：根据$T=S/V$，如果你的选择对了，S会缩短，努力并且方法对了，V就会增大，最后T就会减小。

也就是说，我们实现目标的时间就能够缩短。两者之间并没有多大的关系，但它们却和自我价值实现的时间长短这个第三者有着密不可分的联系。

就像卡乔在工作中遇到的情况一样，类似的例子在你我身边屡见不鲜。一个迫切需要业绩的销售经理会经常对业务受挫的推销员说：“笨蛋，你再多跑几家客户就行了！”一个有耐心的上司也许会常对拼命工作的下属说：“你再努力一些好吧，不要只付出这么多！”听起来他们指出了正确的方向——没错，多跑几家客户，再努力一些，每个人都知道这是无比光明的方向，我们都应该这么做才能把工作做好。但是，他们没有指出方法的重要性，没有提供一种切实可行的方法性指导。就像一名粗鲁的将军，指一指前面："喂，你们去拿下那座城池吧。"士兵们茫然不知所措，他们的问题是："将军，我们应该如何攻城？"

销售经理如果让手下的业务员掌握了推销的具体技巧，比如让他多通过私人关系而不是正常渠道去竞争；一位上司让下属了解该如何努力，比如懂得区分工作中的不同方法，以便确定最有效率的工作流程，那么对于问题的解决是不是会更加有利呢？

A是某投资公司的一名普通员工，他觉得自己的满腔抱负没有得到上级的赏识，怀才不遇。于是他就经常想：我要是有机会在老总面前一展才华就好了，让他看看我有多大能耐，重新调整我的工作，让我去从事更有价值的事情。

可是A只是想想而已，除了满腔悲愤的抱怨、企盼，他什么都没做，依然待在格子间，朝九晚五眉头紧锁。

同事B也有同样的想法，他强烈地希望自己能够升职。于是，他主动打听了老总上下班的详细时间，甚至算好了他进电梯的时间，然后来个"守株待兔"。这个方法非常不错。

但是同事C相比前两个人，则更进了一步。他将公司老总的人生历程和参加工作以来作出的成就全部了解了一遍，找到老总关心的话题，精心设计了简单而有分量的开场白，算好时间乘坐电梯，跟老总碰过几次面，交谈了几句。终于有一天，老总亲自跟他谈了很长时间，不久之后他就得到了一个不错的职位。

C战胜A和B的秘密就在于他懂得如何打动老总的心，找到了具体有效的办法，设计了一个聪明而务实的步骤。一个人的成功无非就是两步，发现方向，并找到方法。不管做什么，只要具备这两点你就可以成功了。但如果你做事的时候不找方法，只知道对着正确的方向闷头执行，这样就无异于蒙着黑布去拉磨。

拓展人脉同样如此，在保证方向正确的前提下，找方法就是扯去挡住我们视线的黑布，让你能够看得更远，让你知道如何才能把事情做好以及做到最好。

一个正确的方法，实质上便是人际交往中的投入产出比最高的技巧，它可以帮助我们缩短与别人之间的距离。就像卡乔一样，以最快的速度获得一次营销的机会。当你方法找得不对时，方向再正确也可能只是一种望天长叹的无奈。你明明看到了目的地，却只能被隔在河对岸而苦于无船可渡。

即便面对疯狂的绑匪，只要你的方法找对了，尝试提供某些他们真正想要的东西，你照样能够得到谈判的空间。因为对于关系的建立来讲，沟通方式永远都是最重要的，而不是我们的沟通目的。

有时，我们的想法只是确立了一个方向，方法却是可以将汽车起动的钥匙。想爬上一座山的意图和怎样爬上去的价值是不相等的，这就是许多人终其一生都想做成大事，但直到死还碌碌无为的原因。

不过，在最后我需要提醒的是，在做事和做人的次序上，我们要明白的是，目标虽然不是最重要的，但却总是优先于方法，有明确的目标你才能有具体的达成方法，否则你就是在做无用功。换句话说，先确定那个人是谁，对你来说是最关键的第一度。其余的五度攻略，都在围绕这一目标进行。

不可忽视的首因效应

Part 4

这个世界到处都有非常优秀的人们，他们或是需要一份好工作，或是想结交某些重要人物，拓宽自己的人际关系。但是无数的人都倒在了第一关上，没有给别人留下较好的第一印象。

◎“人脉帝国”的蝴蝶效应

拓展六度人脉如同攻占一座山峰，我们站在这座山脚的某个位置，吃力地昂起头，望着上面，你看到很多风景在向你招手，但你一时间没有资本接近它们。你发现自己的朋友很少，只有区区几个好哥们儿、好同事，你和山顶的高贵人士之间，相隔的距离太远了，八竿子打不着。

但是，这有什么呢？我们要做的是迈出第一步。只要你迈出了寻找关系的第一步，在山路上慢慢向上攀升，你就一定可以引起六度人脉的“首因效应”。这是人脉场上最快捷的扩大交际面的方式，就是引爆身边的第一关系，在自己的关系中结交新的关系，去结交那些有圈子的朋友，再通过朋友扩大自己的圈子，产生积极的连锁反应，使得自己的人脉圈成倍地扩大。

我们平时会经常参加一些朋友的聚会，到场的基本都是他的朋友，而这些人对你来说，很多都是从未有过交集的陌生人，或者很少谋面，或者他们根本就不认识你，他们就是你有待开发的人脉资源。巧妙地利用朋友这层关系，你就能使自己的人脉产生蝴蝶效应，这是一种滚雪球式的人脉扩展方式。

你的朋友作为自己的一度人脉，他的人脉网结得越大，对你而言就越有利。通过这个节点，再不停地向二度、三度乃至六度的人脉进行拓展，把有用的资源开发出来，我们就能建成自己的“人脉帝国”。

通过朋友的介绍，我们可以将他作为一个辐射点，从一度迈向二度，通过他的人脉网络去结交新的关系。在这里，朋友的介绍相当于一种信用担保，把你介绍给其他的关系，他既是中间人又是担保人，连接着你和他的朋友。然后你再通过他的朋友，去向三度人脉跨进，不停地复制和粘贴，如同起到了蝴蝶效应，一波推一波地向前滚动，如同滚雪球一样迅速地“膨胀”起来。这种拓展人脉的成本是最低的，很多不必要的成本我们都可以节省下来。

而且，这还有一个非常大的好处，那就是能弥补我们某些方面的社会关系的不足，可以优劣互补。因为单个的个体总是有系统缺陷和偏差的，不可能做到事事完美，总需要他人的互补，协作做事，才能共同达到目标。人脉的拓展，最终目标就是实现做事的双赢。因此，当你与朋友共享关系圈时，既是在帮助他人开拓关系，同时也是在实现和完成利己的目标。

有一位刚开始从事公关工作的庞经理问我：“我也有朋友，为什么我的圈子还是局限于固定的少数几个人呢？”

庞经理很年轻，她大学毕业不过一年半的时间，因为工作努力，升职较快。但在人脉的积累上，却还达不到经理的层级。她的人脉圈子无非还是以同学为中心，办起事来让她感觉非常吃力。因为她在与朋友们接触了一阵子之后，有一个非常强烈的感觉，自己认识的朋友，对社会的理解比较浅薄，尚缺乏阅历和工作经验的支撑，而且他们在工作中遇到困难时，和自己一样无所适从，有时还需要她来帮助，很难向她提供有用的价值。

“李老师，我该怎样做呢？”

庞经理遇到的问题并不鲜见，这是一名职场新人在晋升后所面临的第一道难关，也是非常重要的人脉危机。想突破这个难关，就得让自己成为一个有心人，懂得借花献佛，为自己的关系圈催生蝴蝶效应，借助朋友和同事的关系，笼络更多的人脉。

在我的建议下，庞经理开始了她的关系提升之路。有一次，她看见同事小苏正在做一个方案，而自己也是负责人之一。于是，她总是寻找着各种各样的机会，用虚心学习的心态去求教小苏。

小苏是该公司的一名老人了，比庞经理早来公司好几年，当然有丰富的工作经验和人际关系。如果我们将公司比做一方鱼龙混杂的池塘，小苏就是这方池塘中一条老资格的聪明鱼。得罪谁也不能得罪这样的鱼，否则你的实力再强，也可能在他们的陷害下只能去啃烂泥巴。本来小苏对于庞经理的升职是很嫉妒的，暗暗窝着一股火。但是见到庞经理竟然向她虚心求教，没有一点儿傲气，那股对抗的心气也就逐渐消失了。谁又想轻易得罪人呢？和一个有实力的新生力量做朋友，结成联盟，总比成为敌人划算。两个人在工作中，就成为了一对合作紧密的拍档。

走出了第一步，第二步和第三步就不难了。任何事都是如此。通过小苏，庞经理跟其他部门的同事也建立了较为亲密的联系，形成了自己的新圈子，这对她的人脉拓展帮助巨大。不久，她的业绩就出现了明显的提升，受到了老板的另眼相待，从公关经理提拔到了总经理助理的位置，经常带她出去见一些外企的大客户。如此一来，她在接触到更多客户的同时，自己的人脉圈又实现了新的跨越。两年以后，当回头总结自己的职业生涯时，她惊讶地发现自己和两年前那个稚嫩的新人相比，居然有了那么大的差距，她甚至一度不相信自己竟然能够这么快地成长到这样的高度。

这就是人脉蝴蝶效应适时而发的威力，其中的关键在于充分利用朋友的圈子。因为现实中每个人的人际关系网都不太一样，当你拿到开启这扇大门的钥匙时，起到的作用就如同数学的乘方，以这样的方式来建立人脉，扩展的速度是惊人的。

我初到美国时，也曾经遇到过和庞经理一样的处境。当时我的朋友很少，大多数的关系都在中国香港和新加坡，而在美国我只认识一些少数的一度人脉。后来我开始接触一些媒体方面的朋友，并通过他们结识了政商两界的大人物，然后得以展示自己的价值，推销我的公关公司。一件值得一提的事是，正是《华盛顿邮报》在纽约地区的首席记者麦克尔先生牵线搭桥，帮我认识了切尼竞选顾问团的组织者希莲女士，从此让我的人脉圈有了质的提升。

能够做到这一点的前提是，我们需要使自己具备一些必需的素质。

首先，你需要取得你朋友的信任，为自己的一度人脉担保负责。你必须是一个诚信和重诺的人，言行一致，值得别人的信赖。

其次，你也要给别人介绍一些圈子，不要吝惜自己的人脉。多为他人介绍，体现自己的价值，才能广受欢迎。六度人脉就如同一种生意的交换原则。你希望别人怎样对你，你就以怎样的方式对别人。这非常重要。你想让自己的人脉成长为一片森林，就要舍得撒播种子，不要妄想不劳而获。一本万利的事情永远都不会出现，你至少需要扇动一下翅膀，才能引起一场未来席卷全球的飓风。必要的投入，这便是开动自己人脉磁场的“首因”。

◎重视结交陌生人

诚如前言，陌生人的价值对我们特别重要，而不仅是已经到手的朋友资源。我们也会在各种时刻与场合碰见陌生的人，他们或是身份确定，或是对你来说是一张白纸，是有待开发的神秘地带。据不完全统计，我们每天会有超过一百次跟陌生人交谈的机会，它可以是在公司面对新的客户、新的同事，在生活中发现朋友的哥们儿、亲戚，或是在路边与你擦肩而过的任何一个人。

但现在我们一般采取的态度是什么呢？我见过许多抱怨人际关系不佳的人，他们一边不停地抱怨，一边忽略那些本可能成为好朋友的陌生关系。他们能做的远不止这些，但人脉关系的失败者通常认识不到这一点。

请听听在他们的口中出现频率最高的一些话：

“我感到很孤单，那个宴会我只认识两个人，一点儿收获都没有。”

“我还是不去了吧，没有我认识的人，去了能做什么呢？”

“这件工作让我头大，我需要和完全陌生的人打交道，这不是我擅长的，所以我总是做不好。”

“经理肯定故意在整我，他让我负责的销售点，我一点儿不熟，没有一个固定的客户，想卖出一毛钱的产品我都需要苦口婆心地去大街上向完全不认识的消费者兜售！”

“请不要怪我放弃，因为这实在太难了，没有人能够做到！”

他们责怪上司无法给自己提供一个熟悉且得心应手的工作环境。失败者通常觉得，任何工作都需要水到渠成，只要自己想展示什么，立刻就会有“接收者”出现。如果事有不顺，总要让他开动脑筋去结交陌生关系，他就会感到愤怒和不解，产生强烈的受挫感。

但一个显而易见的事实却是，所有的朋友在本质上都是从陌生人变换而来的。当陌生人越聚越多并成为你的朋友，你所能够得到的机会也就越来越多。我们在娘胎里的时候都是孤独的，没有一个朋友。

请先确定这个事实，我们来到这个世界，都是孤身一人，先认识了自己的父母、兄弟姐妹、叔叔阿姨，然后是幼儿园的小朋友、邻居伙伴、同学、老师，进而是社会和工作中的各种关系。每一张面孔都从陌生变得熟悉，而不是上天注定为我们安排好要来做我们朋友的人。

只有当你懂得这个事实，并重视从陌生群体中结交关系之后，你才会发现很多的机会当初自己都没想过和看到。而这些，都是我们未来的重要机会。

与东方人相反的是，西方人在去参加鸡尾酒会或者婚宴场合的时候，出发前都会先吃一点儿东西保证自己的腹中不饥，并且将提前到场视为一项基本原则。因为这样的场合最重要的用途就是认识更多的陌生人，而不是到这里来大吃大喝。如果只是吃饭喝酒，待在家里就可以得到满足，为什么非到这种场合？这是明摆着的事实。西方人重视交际，尤其喜欢到陌生人多的场合去。

可是对于东方人来讲，人们对于此类场合的利用往往不足。这不是工具和技能问题，而是源于意识的障碍。许多人不但会迟到，到场以后也会习惯性地扎堆，他们只跟熟人交谈，有意识地避免跟陌生人接触。更过分的，只和一些关系特熟的人约好坐在一桌，一个一个的小圈子呈现封闭独立的状态，主动竖起一堵墙，将所有的、基于这个交际平台可能结交的关系，完全挡在外面。当一个陌生的人过来敬酒、攀谈和搭讪的时候，他的眼神可能不是友善而是警惕的。他会想：这人是谁？我从没见过，他有什么目的？骗我的钱还是利用我？据此他得出一个结论：小心一点儿！不要轻易暴露自己的身份！

当然，现在的情况已经好了很多。中国人越来越懂得抓住机会，他们开始重视交际场合，变得健谈、善于社交和喜欢捕捉陌生场合的重要机会。但总体而言，我见到的华人还是以羞涩和保守居多。

因此，尽管许多机会就在你的身边，每天对着你抛媚眼，希望你看它一眼，但我们总是平白无故地让它流失掉，错失本可以把握住的关系资源。结果就是，他们参加了无数的交际场合，但自己的人脉却没有一点儿提升，办事能力得不到提高，朋友圈中还是那几个屈指可数的人。

我们都需要在陌生人面前鼓足勇气，使自己具备沟通的勇气和能力。你要去了解别人的需求、渴望、能力与动机，并给予他们适当的反应。在这方面，多参加各种社团是一种非常有效的办法。不管西方还是中国，社团都是最好的人际交往平台，能够营造出与陌生人面对面地轻松、自然交流的环境和氛围。许多人也正是通过各种社团活动，才逐渐扩大了自己交往的范围。这是施展六度理论的最佳平台，我们可以与社团中的任何一名陌生人成为朋友，让自己的人脉资源实现核聚变效应的拓展。

美国前任总统小布什很早就将从政作为自己的人生理想。1965年，小布什进入耶鲁大学达文波特学院学习。他注意到达文波特学院有一个叫做DKE联谊会的社团非常有名，社团活动中经常有大人物出席，且不乏他一直想结识和交往的人物。

小布什认为这是天赐良机，对自己来说，这是非常棒的发掘各种政治资源的机会，他觉得加入这样的社团将有助于他的人脉拓展，从而对实现他的政治理想提供助益。不过，若想进入DKE联谊会，首先得申请加入达文波特学院的学生会，这样才可以有更多的机会参加DKE联谊会的活动。大学的学生会也相当于一种社团。为了实现这个目标，小布什做了很多的准备，他开始记名字，让自己在最短的时间内记住同学的名字，而且经常在球场、走廊、教室甚至浴室等一切可能的场所与更多的人结识，他的主动和诚恳给很多人留下了深刻的印象，人们对他的第一印象非常好。

终于，在选拔新人参加学生会的会议上，小布什叫出了教室中全部54个人的名字，令包括几位学生会负责人在内的人佩服得五体投地，从而使自己顺利地进入了学生会，也因此得到了更多的参加

DKE联谊会活动的机会。

小布什在学生会和社团组织里的锻炼，为他将来成功地当选美国总统打下了良好的关系基础。一个客观的统计是，在他当选美国第43任总统的选票中，有很大一部分选票来源于当年他在耶鲁和哈佛的校友以及他参加的各种社团中的朋友和同学。这段经历还使美国政界诞生了一个有名的传说：

“如果你能叫得出自己母校三分之一同学的名字，你就可以去竞选美国总统了。”

那么，在重视和结交陌生人方面，我应该向你们提供哪些切实有用的建议？首先你应该具备一个认真和诚恳的态度，这是最重要的品质；其次，在具体的结交过程中，你还应明白并灵活掌握下述几项原则：

1. 对身边的陌生人认真观察。

随时观察和认真地审视，将助你发现交流的切入点。你可以看看他们是否有比较特别的地方，比如发型、衣服的配饰或者佩戴了哪一款手表，请留意这些细节问题，这将给予你与他交谈时的有趣信息。你不但需要观察他们身上的特别之处，还可以通过这个过程判断对方到底是一个什么样的人，以及分析他们的职业和职位。

2. 主动交流和率先伸手，将让你占据先机。

想尽快地拉近距离，让彼此从陌生状态走向熟悉，进而成为朋友吗？那就要将自己的冷漠和被动状态扔到一边，主动向对方发出友好信号。一个处于主动出击位置的人，总是比处于被动地位的人更容易得到朋友。如果你总是等着对方来靠近你，主动和你交流，你将流失掉80%的潜在关系。这不仅是要战胜内心的怯场情绪，同时还与你对六度人脉理论的认识息息相关。

当你主动伸手时，你要想到：我在别人面前是陌生的，但他在我面前同样也是陌生的，他的心理和我是一样的。他渴望得到友谊而又感到有些拘束，正盼望我率先发出信号。在这种情况下，如果我首先积极主动地伸出了友谊之手，我就成功了一半，不但能得到他善意友好的回应，还会给他留下一个完美的第一印象，对我来说这真是巨大的收获！

3. 请不要放弃你的微笑，哪怕得到的是冰冷的回应。

微笑的表情将是你用来交际的最犀利的武器。作为展示魄力和涵养的工具，它不仅可起到亲和的作用，而且能迅速地缩短距离。在陌生人面前，我们要把微笑作为自己的交际哲学，并将它作为我们人脉拓展的基石。当你和陌生人交谈时，如果从轻松自然的微笑开始，对方会立刻被你热情的笑脸所感染，当然也会回报给你一颗热情之心。就算你开始收到的是冷漠的回应，也请不要放弃，因为这一定是暂时的——当你消除对方的怀疑之后，这将不是问题。

4. 带着自信放松地去做这件事，不要惧怕迎接失败。

许多人往往会因为惧怕失败而不敢去做一件事，他们在陌生人面前心情紧张，总是在想：他会对我感兴趣吗？万一我碰钉子怎么办？这种自卑的心态对于成功交际是极其有害的。正确的做法是，放松心情，树立信心，然后像平常跟朋友聊天一样，自然大方地去开启一次结交陌生人之旅。你可以从赞美开始，夸赞对方的穿衣打扮，或交流双方都有什么爱好，引出话题，让交谈进入一种活泼、愉快、轻松的氛围中。只要做到了这一点，对方一定会感受到你的随和与善意，对你产生初步的认同感。信心永远是最重要的，因为这不仅是一种交际的工具，而且关系到对方对你这个人的评价。

5. 真诚的态度才能收获对方的真心。

人脉积累贵在真诚，人与人之间也需要真诚。它是让我们获得真正友谊不可缺少的一种优秀的品质。一个不真诚的人，别人怎么可能了解你呢？又怎么可能对你产生兴趣呢？虚伪的人是不值得结交的，不论是工作、生活还是婚姻中的关系处理，一旦披上虚伪的外衣，最终都会收获失败的结果。你只有付出足够的真诚，别人才能向你袒露自己的心扉，和你达成一致，实现心灵的沟通。其中，我们不光在言行方面要保证自己的真诚，在信仰和人生的价值观领域，也要体现出高尚和纯正的操守。这既是一种人格魅力，又是一种辐射力和气场，别人一看便知，每个人都能够感觉到你是否真诚，你无法真正欺骗别人。

6. 别忘了和对方交换联系方式，方便进一步的沟通。

最让人沮丧的事情是什么？是你经历了一场和陌生人的愉快交谈，

却没有彼此留下联系方式。所以这将是最后一步需要注意的问题，请千万不要忘记留下联系电邮或电话号码，为以后进一步的深交作好准备。

因为在第一次交谈时，双方只是给对方留下了初步的第一印象，没有时间进行深入地了解。联系方式就是开启后续沟通的一把钥匙，一个电台呼叫密码。日后当对方有意与你进行深入沟通时，就能迅速地联系到你，而不至于只能在回忆中体会你这个人到底怎么样。同样，你也不会错过继续和他结交乃至成为重要关系的机会。

◎首次见面往往决定成败

第一印象决定成败。我通常会通过第一次见面决定我对一个人的大体评价，超过80%的最终评定都会在首次接触中得出并一直持续下去。就像我当初与史密斯的第一次见面，我只看了他一眼，就认定这是我需要的人，他就是我生命中的贵人，对我的事业将起到至关重要的作用。十几年来，我们亲密合作的事实验证了这一切，史密斯在我们的初次会面中表现出来的风采，现在依然体现在他作决断的方方面面。

靠初次的接触去判断一个人，虽然这并不完全准确，有时难免出现失误，但这保证了我不消耗无用的精力在重复的不停的论证当中。重要的人物都将时间看得特别重要，因为他们没有太富裕的闲暇去专门关注一个人的长期表现，所以在首次接触的时候，他已经对你的价值下了一纸“宣判”。

毫无疑问，这一点已经不需要过多表述，你一定看到了其他人大量的论述向你证明了第一印象有多么重要。因此，怎样使自己首次出场就闪亮无比，才是我们最该关注的部分。因为如果你不能在第一时间就打动对方，你前面费尽心机跨过的几度关系链、最终得以跟对方见面的一切付出，就都可能付诸东流了。

应该从哪些方面着手呢？我们在早年的一项研究中发现，50%以上的第一印象与内在气质无关，而与外表和穿衣着装的关系更大。你这个人的形象是否清爽整齐，是让身边的人决定你是否可信的重要条件，当然也决定着他将如何对你。这是首要条件，因为人心隔肚皮，不可能有人第一眼就看透你的内心——除非他是上帝。但上帝不需要交际，他是一个设计众生的人。

外表和形象当然不仅是一张漂亮的脸蛋，它更多的是包括你的体态、神情和衣着方面的细节以及你具备的某些特别之处。此外，第一印象还有大约40%的部分与我们说话的声音有关。没错，只要你开口说话——这是无法避免的——你总要开口表达，介绍自己或提出要求。这时，你的音调、语气、语速、节奏都将影响他人对你的第一印象的形成。只有剩下的10%是与我们的言谈举止有关的，这取决于接下来的三到五分钟，甚至更长的时间。

林肯作为美国前总统，曾经因为相貌上的偏见而拒绝一位由自己朋友推荐的人才，当他的这位朋友愤怒地责怪他犯下了以貌取人的错误时，林肯的回答是："一个人只要过了40岁，他就应该为自己的面孔负责。"这难道是一种相貌歧视吗？不是的，每个人都有足够的时间去重塑自己的相貌，当然不是依靠整容的手段，而是平时的某些锻炼和习惯，比如神态、心态，以及着装的扮饰。如果你总是意识不到后天塑造的必要性，你给人的第一印象通常就是糟糕透顶的。

有一个故事说的是六个人搭乘火车旅行，他们坐在同一车厢内。其中五个很安静，也很规矩。只有大卫这家伙是一个粗鲁的年轻人，给其他的乘客招惹了许多意想不到的麻烦。

最后当大卫下车时，他带着两个沉重的皮箱艰难地走下去，却没有一个旅客愿意帮他的忙。有个人一直等到大卫走得很远了，才打开窗户，对着他大声喊："你有一样东西落在车厢里了！"说完又把窗户砰地给关了起来。

大卫只好转过身子，拎着两个沉甸甸的皮箱，匆匆地又赶了回来。他转回来时累得够戗，对着窗户大声喊："喂，你们快点儿告诉我，我把什么东西落在车上了？"

人们打开窗户，意有所指地说："你把一个极坏的印象丢在这里了！"

听到这句话的大卫当然垂头丧气，心情低落到了极点。是的，这就是印象的威力。他本可以在这次火车之旅中交到一些朋友，但他给人的印象实在太差了，简直就是一个麻烦精。没人愿意理他，更别提做朋友。多年以后的大卫也许会更加懊悔，说不定这其他的五人当中就会有一个对他的生活特别重要的人再次出现，但因为这次极坏的印象，这个人对于大卫不会提起任何兴趣。

我的朋友史密斯先生曾经对培训学员讲到另一则真实的故事。一位名叫陈俊的华人青年毕业于哈佛商学院，又在英国镀了几年金，然后回美进入戴尔公司工作，年薪过百万美元。这只是一个开始，半年以后，步步高升的陈俊就开始与R先生角逐洛杉矶地区分公司主管的职位。R先生同样也是中国人，他毕业于国内的北京大学，之后又在新加坡读完了研究生，再到美国取得了MBA学位，竞争力同样很强。

决定胜负的并非业务能力，而是让人意想不到的因素：陈俊以其干净整洁的外表和给总公司人力资源部门的高管留下的良好第一印象当上了洛杉矶地区的分公司主管。

在别人看来，R先生是一个既有能力同时工作也很努力的人，他在戴尔的资历同样比陈俊出众，但从形象上看，他却始终给人一种员工和小吏的感觉，缺乏管理者的气场，这使他更像一个优秀的执行者，而不是掌握全局的管理者。陈俊则完全相反，他给人的印象像极了一位成功CEO，在跟总公司的高管一起相处的时候，他当然比R先生更能获得好感和信任。于是，陈俊自始至终都比R先生的人缘好，人脉广，因为他更能给人留下一种成功人士的好印象。

★为什么我们需要这么重视首次见面或第一印象所能产生的效力？

因为精心修饰的外貌和第一印象会给你带来成功与财富，同时也是你保住成功与财富最好的钥匙。如果你需要在这方面花钱的话，那么请记住，你的投资一定不是浪费，而是必然会有巨大回报的赢利。

当我在为自己的第一印象作计划时，我首先发现了自己在外形方面的缺点。比如我的外貌并不英俊，十分朴素平常，放在人堆里难以与他人进行区别。我长了一张普通的中国人的脸，身高只有一米七五，在白人当中并不显眼。我的身材略显瘦弱，没有张力，如同一粒路边的沙子，别人只有睁大眼睛，才可能在人堆中发现我的存在。

有一段时间我很苦恼，因为在交际场合，我确实很难给人留下突出的印象。但我经过理性的分析，还是找到了改善的方法：虽然天生的相貌和身高无法改变，但只要我努力去修饰外表，就能给人一个很好的印象。所以，我定期购买时尚杂志，结合自己的形象去选择着装，并且不断地提升自己的内在素养。

我曾经向很多受访者提出了这样的问题：决定一个人的第一印象的最重要的因素是什么呢？

人们的回答五花八门，通过归纳答案我发现，80%的人认为是外貌，13%的人认为是声音，7%的人则认为是人格。这表明，在日趋激烈的人际关系竞争中，大多数的人已经意识到外在的形象对于一个人的人际关系处理是有多么重要。首次见面决定成败，而决定你第一印象的恰恰又是一个人的穿着，这不仅是我的主张，同时也是六度人脉理论对于一个人的形象气质的基本要求。如果你同样意识到了这个问题并愿意去作出调整，针对自身的具体症结对症下药，那么即便你长得不太出众，但只要你的穿着体现出足够的品位，同样能够在第一时间获得对方的青睐，留下深刻的第一印象，影响最终的成败。

◎“告诉我，你最好的朋友是什么人？”

“Who is your best friend?（你最好的朋友是谁？）”

当我提出这个问题时，洛杉矶剧场演讲大厅的台下竟然出现了长达五分钟的沉默。每个人都好像在思考人生最深奥的话题，迟迟找不到答案。人们欲言又止，不敢确信自己的判断。

我很惊讶，没错，这些来自各行各业的公司经理人，呼风唤雨的各个领域的成功人士，他们用了五分钟的时间，也无法判断自己最好的朋友究竟是谁，甚至很多人怀疑自己有没有最好的朋友，以至于最后得出一个结论：

我目前拥有的关系，他们对我来说算是好朋友吗？

我经常对那些参加人脉培训课的人说：每个人都要有一个“Best Friend”存在于自己的生活，但标准只有一条，当你需要帮助时他们能够随时出现。是的，也许你自认为是一个朋友众多的人，经常出席各种活动，参加数不清的饭局，到处都有人打招呼。你和形形色色的人谈论这个世界，什么话题都能涉及。他们听你指点江山，对你拜服不已，五体投地。你会产生很大的错觉，认为自己朋友很多。但当你有一天失去了自己拥有的一切，需要他们的帮助时，你应该慎重地判断一下：

在他们中间，有多少人会及时地出现呢？

对此我深有体会，有一次妻子问过我同样的问题。她说：“维文，想一想，你最好的朋友是谁？”我颇费了一番脑筋，当时真的难住我了。我列了一个长长的名单，其中有史密斯；幽默的美国肥皂剧的制作人吉布森；和我在中国香港穿着一条裤子长大的广告公司老板于胜华先生，他经常在半夜打电话“骚扰”我；最好的客户，商务报告能手凯莉等等，我想起了无数的人。

但是，在这无数的人中，我只想到了他们几个，因为这几个人都有一个共同点，在我难过的时候大力拍着我的肩膀，让我开心点儿，在我得志的时候用力为我鼓掌，并给我最及时的忠告。他们是哪怕在半夜都可以随时接我电话的人，只要我需要帮助，他们义不容辞，不会有任何借口推托，马上就能到我的身边，替我出谋划策，竭尽所有帮我排忧解难。即便我面对的是一场无法解除的灾难，他们也会坚定地跟我并肩作战，直到最后一刻。

想必你已经看到了，这是一条严苛的标准。从某种意义上来说，我们很少有人可以满足这条标准。也许你是一个平时感觉自己有几万个好朋友的人，但这时却出现了严重的错觉：我一个朋友都没有，至少没有一个真正的朋友，因为没有人愿意这样为我付出。

在我看来，当我们判断谁是自己最好的朋友时，必须对他们进行八种角色的测试和分析。下述八种定位可以有所区别地对自己的关系人进行验证分析。只要他能具备其中的三到五种，他就可以被列入“最好朋友”的阵营进行下一轮的筛选。我们再次调高标准，挑选那些有六到八种符合的人，此次来确定你的人脉库中最重要的关系。

第一种定位：事业上的好帮手

他们擅长于在恰当的时机出现在你的身边，真心地鼓励你，总是不停地将你推向更高的地方。他们会持续投资在你的身上，有些是钱，有些是经验、计划，让你有所发展，同时他们真心希望你能成功，即使他必须为你承担风险。对于你，一个事业上的好帮手，他会慷慨地贡献自己的时间，协助你找到自己的优点，同时可以有效地利用这些优点；他从不嫉妒你，或者会成为你的对手，而是总在鼓舞你的斗志，帮你解决问题。

第二种定位：信念的支柱

他一定和你有相同的信念，或信奉同种宗教，或有相同的人生价值观，信奉同样的事业观，做人和做事的原则，和你一起身体力行。因此，他总和你站在同一阵线。他会为了共同的信念支持你的一切，并真诚地赞美你。这不仅是当面的，在背后他也会为你撑腰，就算你不在场，他也会挺身而出为你仗义执言。当然，他还是一个你可以随时打电话骚扰的人，哪怕是在他的新婚之夜。同理，他也是一个随时可能找你聊天或者找你帮忙的人。

第三种定位：兴趣相近

作为你的兴趣相近的朋友，他会义无反顾地和你建立亲密的友谊。他也许不是你生活中最重要的人，但你们对于运动、嗜好、信仰、工作、政治、食物、电影、音乐或书籍等相同的喜好，会让你非常喜欢和他在一起消磨早晨或下午的闲暇时光。总之，这样的人必不可少，同时这样的品质也是我们对最好朋友的一种期待。

第四种定位：不可分离的伙伴

他不但是你的工作伙伴，还可能是你生活中的情感支柱。当你有需要的时候，他总是会站在你的身边。你们之间的情感联系牢不可破。当你的生命中发生重大事件时，他都会是你第一个想联络的人。他为你们的关系感到骄傲，甚至愿意牺牲自己来帮助你。也就是说，他是一个可以让你以性命相托的朋友。

第五种定位：最无私的中介人

他有无数的办法帮你联系各种资源，牵线搭桥。一旦知道你需要什么，他总能马上张开他庞大有效的人脉网络，找到一些和你有相同兴趣或者目标的人；他们能快速地扩大你的人际网络，让你直接通往取得新资源的管道。他们信奉一个道理："如果我能够帮助别人梦想成真，我自己也会心想事成。"具备这样高尚品质的朋友，对我们来说简直不可或缺。

就像玫琳凯化妆品公司的创办者玫琳凯女士（Mary Kay Ash）——一个伟大的女人——她在接受记者访问时，将自己能够成功的原因归结于美国销售大王金克拉的无私帮助："他是玫琳凯公司几十年的朋友，他杰出的激励和鼓舞人心的能力，推动我们公司的员工走向成功。"

第六种定位：送来好心情的使者

只要你不开心，他就会出现，并让你精神大振，生活重新充满积极感。当你的心情跌至谷底时，你就会想到他。他会是一个有趣的人，同时也真诚地关心你。

第七种定位：引路人

他是你生活和事业上的引路人，不但可以拓展你的视野，鼓励你接受新的观念、想法、机会、文化，还能帮助你拓展个人的眼界，创造无数正面的变化。他走在你的前面，但又不会阻拦你前进的道路，而是为你扫清障碍，随时助你一臂之力。

第十种定位：人生的导师

对于重大的问题，他可以给你建议并指引你前进的方向。他不但是一个引路人，还是你人生的导师。他会让你了解自己拥有或者缺少了什么能力，并与你一同分享梦想，然后一针见血地帮你点出达成梦想与目标的方法与途径。这样的一个朋友，对我们来说实在太重要了。

这既是对于你的一种人脉拓展的要求，同时也是我的六度人脉理论中对于“第一度人脉”的完美设定。

◎六度人脉的十大首因法则

在本章的最后，我们将非常简洁地讲到第一印象的十大法则，也就是十分重要的首因效应：你要打动别人，第一次接触自然万分的关键。就像很多男女第一次见面就相互产生了爱慕之情，有心与对方私定终身，迫不及待地想和他（她）约会，将对方形容为自己的梦中情人。诗人会这样形容当时的心情："她就是我一直在寻找的女人，看见她，我就得救了！"这种神奇的化学反应，就是首因效应在起作用。

说起来这有些奇妙，因为有时这其实是一种无心的结果，女孩在化妆、选择穿哪件衣服之前，并不知道这个男子的喜好是什么，但她最终的决定却恰好在让男子看到后，能够产生一见钟情、心有灵犀的好结果。你可能觉得这是天意，在我看来，这却是一个人平时不断修炼提升自己才能得到的人生给予她的一种积极的回报。

有一位刚毕业的大学生四处应聘，却找不到一份合适的工作，但他毫不气馁。这天，他来到某公司，找到该公司的负责人问："请问你们需要一名策划人员吗？""不需要！""那么平面设计人员呢？""不需要！""那么写真的印刷工人呢？""不，我们现在什么空缺也没有了。"

好吧，这实在太糟糕了，这里没有他的容身之地，对方根本不需要新的员工。很多人这时一定沮丧极了，并且觉得丢脸，马上转身走掉。但是他没有，而是继续保持着微笑。

"你们一定需要这个东西。"

他从自己的包里拿出了一块精致的小牌子，上面写着："额满，暂不雇用"。该公司的总经理看了看牌子，先是一愣，接着惊讶地笑了，点了点头，说："如果你愿意，可以到我们的广告部工作，去做一名设计人员。”

真是一次奇怪而又美妙的自我营销，不是吗？这个人通过自己制作的牌子表达了自己的机智和乐观，给对方留下了无比惊艳的第一印象。总经理心想，呀，这个人真是太有才华了，我怎么没想到他会这么做呢？这是一种良好的素质，是我的公司所需要的，他可以去做一名广告设计师！

这个世界到处都有非常优秀的人们，他们或是需要一份好工作，或是想结交某些重要人物，拓宽自己的人际关系。但是无数的人都倒在了第一关上，没有给别人留下较好的第一印象。也许大多数人都想到了最后一步，认真地作了谋划，但就是对更加重要的第一步没有计划，仓促上阵，于是就只能遗憾地与成功擦肩而过。

★六度人脉十大首因法则

1. 自信法则

不管和谁会面，哪怕他是美国总统奥巴马或者联想总裁柳传志，你都要保持镇定，告诉自己：这不过是一次正常的会见，他很厉害，但我也是好样的！除了地位和财富，我没有一样输给他！切不可狼狈而慌乱，畏畏缩缩，给人一种不自信的卑微印象。

见到对方后，你应该克制而放松，双手自然摆放，采取和对方一样的随和态度。只有能够展示自信的人，才能得到对方的信任。一个不自信的人，对于对方来说是没有价值的。

2. 气场定律

我们必须尽可能地展现自己的最佳状态，体现出某种出色和具有辐射力的健康气场。气场就是你的人际吸引力，是你的内在魅力所辐射出来的场。调整行走速度和步伐的大小，辅以良好的礼仪，可以为自己的气场锦上添花。

3. 等待法则

或许当你走进对方的办公室时，他有可能正在做其他的事情，如打电话、翻抽屉，甚至是在系鞋带。不管他在做什么，你都应该耐心地等待，坦然地等他做完自己的事情，而不是急不可待地制止他进行中的工作，用你的不耐烦告诉他：你应该看到我的存在并跟我谈话！如果你这样做了，这将是非常大的错误。

4. 握手法则

握手特别重要，请一定笔直地伸出手，握手的力度最好能与对方保持一致，并且将结束握手的主动权交给对方。你要避免在握手时采用手掌向下的强势握手方式，哪怕你的身份地位高于对方。握手往往发生在与对方见面的最初15秒钟以内，最好能在这个过程中呼唤对方的姓名两次。

5. 侧身定律

当你们在谈判场合见面时，请不要直面对方，而应尽量侧身，避免以一种对抗性的姿势与对方四目相对，形成剑拔弩张的紧张气氛。这不是妥协，而是暗示对方：所有的问题都可以谈，我是带着诚意和善意来的。告诉对方，我们是工作中的对手，但却可以是工作以外的朋友。

6. 环境效应

我们应尽可能选择在休闲的环境见面，而不是办公桌旁。如果对方邀请你去喝咖啡，或者在他办公室里的非办公区域里就座，譬如咖啡桌旁，那么你应该马上意识到这是一个十分有利的信号。因为人际交往或业务沟通时95%的拒绝情况都发生在办公环境中，而在休闲环境中则往往意味着承诺和对你的好感：他想和你的关系有深入的进展。

7. 决定权法则

真正有决定权的人，他们在谈判或者首次见面时，往往很少开口。所以请把握好自己的定位，在适当的时候，你也可以这样，展示自己能够决定一件或很多事情的能力。

8. 距离法则

现实中，我们往往会与和自己较为熟悉的人贴得更近，而与那些刚刚认识的人保持一定距离。在工作中，我们则会与那些和自己年龄相近的人走得更近，而与比自己年长或年幼的人保持一定的距离。请处理好这个分寸，因为这并不一定千篇一律。有时为了体现我们的诚意和对于彼此关系的期待，我们应适当地缩短和对方的距离，表现出某种亲近和信任感，但不要出现压迫的感觉。

有时如果你表现得过于亲近，对方反会觉得咄咄逼人，让他很有压力，如果作出决定，倒像是在你的威逼之下，或者是被你的迫切绑架了的结果。若是你让对方背负上了这种沉重的压力，你将不会收到渴望的答案。

9. 道别法则

告别时应握手和寒暄，然后以最好的状态离开。告别恰恰是最危险的时刻，因为对方会在背后观察你。我们要格外注意此刻的形象，整理好衣服，梳理头发，从而使得自己能够在离开的时候给其他人留下一个整洁的背影。同时，我们还应面带微笑，带着对对方的满意离开，哪怕你们谈得并不愉快，没有一点儿进展，你也应该表现出自己的绅士风度。

10. 沟通定律

你给予对方的印象，决定权最重的一票在“沟通”那里。在我们与对方首次会面时，可能你的外形和举止已经给对方留下了难得的好印象，但沟通的效果仍然格外重要。它仍然拥有否决权，也有让你通关到底的能力。所以，请一定学会用简洁的语言表达自己的观点，并且了解到对方的底线，清楚地知道对方需要什么，或者是否对你感兴趣。一次良好的沟通，胜过十万字的书面文字。这就是为什么我们想要说服对方时，一定要尽量面谈，而不是通过写邮件。

“第二人”决定你的价值

Part 5

在我看来，你的朋友才是你的人际关系积累的最关键的一个环节。通过朋友，你可以毫不费力地将他那些你不认识的朋友或者不怎么熟悉的关系全部转化为自己的资源，纳入自己的人脉圈。

◎重视朋友的“朋友”

我们总会很轻易地就失去朋友及他们的人脉，或者从来都没有重视过他们的存在。我曾经也像个孩子一样缺乏对于周围的“二度人脉”的注意力，没有发现朋友和他所拥有的资源对于我来说究竟有多么重要，直到我后来接触到了六度分割理论，才意识到了朋友的人脉资源对于我来说有多么重要。

在六度分隔理论中，“第二人”是作为最重要的一个辐射结点存在的。即，我们从自己的圈子中迈出来，踏向更广阔的人际平台的第一步，就在自己亲近的朋友身上。这揭示了人际关系的神奇之处，你和一些人本来没什么联系，但以自己的朋友为纽带，就可以跟他取得联系，然后再次向外传递，从二度一直到六度，搭建起一个无处不达的人脉交通网。你将可以和世界上任何一个人取得联系，即使他是比尔·盖茨或者美国总统，你都可以通过这样神奇的人脉与他相识，实现“和奥巴马亲密约会”这样的美妙结果。

甘道夫年轻时曾向一位成功人士讨教经验，成功人士告诉他：“我能取得今天的成绩就在于每当遇到我的客户，我都会说，我需要您的帮助，请给我介绍3个您的朋友好吗？很多人都不会拒绝你的请求，因为这对他们来说只不过是举手之劳而已，但是我却因此拥有了庞大的客户资源。”

甘道夫遵照那位成功人士给予的建言，不断地复制这个3的倍数。若干年之后，他的客户就像滚雪球一样越滚越多，再加上他的真诚和不懈的努力，他终于成为美国历史上第一位寿险年销售额超过10亿美元的成功人士。

朋友是我们已经拥有的人脉资源，就在我们身边，他们的意义不仅是一个单独的可用的资源的点，而是一个迈向更多的关系资源的跳板。从他这里入手，我们能够将自己的人脉资源网进一步开发拓展，做到将他的朋友变成自己的朋友。就像前面几章中讲到的，这是构建丰富人脉资源网络的一条非常重要的捷径。

通常而言，人们常识中理解的人脉资源的公关和拓展，眼睛只盯在陌生人的身上，很容易将身边的朋友忽略不计。在我看来，你的朋友才是你的人际关系积累的最关键的一个环节。通过朋友，你可以毫不费力地将他那些你不认识的朋友或者不怎么熟悉的关系全部转化为自己的资源，纳入自己的人脉圈。

★注意创造和把握机会

我们要想结交朋友的关系，首先就得和他们认识。平时可以多参加一些聚会、公司庆典等活动，这将是你结识新人脉的最佳时机。所以，你不仅要热情地邀请朋友参加，还要鼓励他带自己的朋友一起过来；同时，当朋友邀请你参加他的聚会时，不管大小，如果时间允许也一定要去参加。在这些场合，环境相对轻松，交流气氛浓郁，和他的朋友之间擦出火花的机会也相对较大，更容易留下深刻的印象。

我在美国的邻居诺肯先生是当地有名的聚会达人，同时他也是远近闻名的人缘最好的人。他的诀窍就是从不放过朋友聚会，哪怕这份邀请来自千里之外的蒙大拿，又是在一个雾雪笼罩的季节，他也会千方百计准时参加。

对他的经验进行总结，无非就是简单的一个原则：朋友聚会是面包，看见就要扑上去。而且，诺肯开朗和健谈的性格对他裨益甚大。有一次，我邀请他作为客人参加我公司的年会。他穿着得体准时到场，表现得很有分寸，既不突出自己，也没有沉默寡言地纯粹来混个吃喝。第二天他请我去他家喝下午茶时，我惊讶地发现在他的书桌上摆了80多张名片，这是昨晚他的收获。其中，有十几个他刚认识的新朋友在次日清晨给他打了问候电话，约他有机会前去做客。

在创造和把握机会方面，诺肯先生就是我们的榜样。不放过任何一次展示自己和结交朋友的机会，这些朋友聚会或其他宴会的场合，充分利用起来，收获一定多多。所以，当你正在遗憾自己的朋友不给你介绍关系时，你可以先反思一下自己有多久没去参加他的聚会或者和他一块儿坐坐了。

★注意借用朋友的中介作用

你要勇敢地主动介绍自己，并积极地让朋友代为引荐，从他那儿了解对方的爱好和优缺点，便于你更好地与对方交往。

有些人在这方面表现得比较害羞，他们见到了朋友的朋友，不是主动打招呼，或是要求朋友代为介绍，而是一语不发，退后几步，低头做自己的事，不是当自己是空气，就是对对方视而不见，于是就在对方眼中留下了一个非常不好的第一印象。

还有些人，他们则表现得有些过火，在要求朋友代为引荐时，喧宾夺主，盖过了朋友的风头，大有“我最厉害，我很牛，我朋友在我面前不算什么”的气概。结果很明显，你既无法取得对方的关注，还伤害了自己的朋友。

以上是两种极端的不可取的情况。正确的做法是，请朋友代为介绍时，应该注意自己的身份和当时的场合。尽可能突出朋友的重要性，给对方一个谦虚谨慎和诚实可靠的印象。我们只做大概的自我介绍就可以，让对方了解你的基本情况。这个情况应该包括职业、特长和兴趣。然后在对方走后，多在朋友那里打听这个人的优点和缺点，而不是当面请教。如此一来，既让朋友有面子，还达到了你个人的目的。

★用一颗真诚之心去交往

许多人际关系的案例中，都出现过由于自己介绍的关系做了违法乱纪的事情，导致自己的朋友蒙受损失的事情。有一位经理曾告诉我，他好心为一个朋友介绍了自己的客户，本意是帮助对方的公司渡过难关，结果朋友使用了一些阴招，坑害了那位客户多达100万美元的货款然后消失得无影无踪。客户找不到那人，便来找他兴师问罪，质问他："你们是不是商量好一起骗我的？"这位经理十分痛苦，为了证明自己不是同伙，东拼西凑筹了不足70万美元赔给客户，以此表示自己的清白。

所以，当你决定由你的朋友充当六度链条中的第二人，让他为你介绍新的关系时，在这其中最不可缺位的是主动和热心。主动去请求朋友的帮助，以真诚和善良为基础，不夹杂一丝不良目的去开拓自己新的人脉。要知道，我们和朋友的关系打交道，更要注意的是真诚的态度。因为你是在用朋友的信用作担保，一旦你与对方的关系不融洽，那么很可能会影响到你与朋友的关系，因为他是你们共同的联系人。

◎通过关系找关系

我相信，作为中国人，大多数都能深刻地领会这一点：关系对于做事的重要性几乎是无可替代的。而通过关系寻找关系，则是实现六度人脉的基本过程，也是一个根本的核心。如果我们能尽快地找到一个合适的中间人，依靠他的人脉链，攀附到一些大人物作为自己的背景人，依靠他们的影响力，就能迅速地帮助自己达成一些平时很难实现的目标。

在六度人脉这个大的概念下，什么是关系呢？或者说我们如何来定位这个词？在我看来，关系并非指向任何一个个人，而是我们能够找到的人脉成果，是我们的“第二人”资源。他可以是你的老师、校友，也可以是曾经的同事……这就是关系。

我们的目标是将这些关系的结点串联起来，交织成网。无论做任何事情，我们都能从这张“网”上找到可运用的人，那么工作就能够顺畅无比，没有你做不到的事情，也没有你联系不到的人。

跟所有创业者一样，胡汉的梦想也是通过创业来建立起属于自己的一份事业。机遇源于他所在的城市要进行基础设施建设改造。

从事建筑行业的胡汉认为这绝对是自己发展事业的大好机会，但是，在高兴过后他不得不面对现实，自己所在的城市符合要求的公司多达十几家，其中很多是比自己的公司更为拔尖的，如何让自己的公司在多家竞选的公司中脱颖而出呢？他绞尽脑汁，一遍遍审察着自己的通讯录，想看看是不是认识专门管理此工程的负责人。察看几遍之后，他的目光在一位朋友的名字上停了下来，这位朋友正好认识这位工程负责人。

他在朋友那儿打听到，该负责人有个爱好，就是每逢周末下午一定会到郊区的鱼塘钓鱼。于是胡汉探明地点后，也带上渔具前往郊区，他准备做回姜太公，钓条大鱼。胡汉先是安静地在一旁看着对方垂钓，每当他钓上一条鱼，胡汉都表现出极其羡慕的表情。对方大为得意，看胡汉带着渔具却不钓鱼，便好奇地问他。胡汉便说自己不会钓鱼，不知道该怎样做，借机向负责人讨教。

对方一听，顿时一下子来了精神，感觉自己遇到了知音，便将自己钓鱼的一些心得告诉了他。两人越聊越投机，不知不觉就谈到了各自的职业，胡汉露出一副很是委屈的样子，说自己从事的行业竞争太过激烈，向负责人大倒苦水。后来，负责人向他表明了身份，胡汉趁机向他提出了自己的要求。

自然，胡汉很轻松地将工程招标收入囊中，而且更为重要的是他钓到了一条非同寻常的“大鱼”！

这就是关系所能起到的巨大的价值，通过朋友的关系，去联结自己的目标对象，然后实现了目的，节省了大量的成本投入。当然，关系也有两面性，这是一把双刃剑。比如很多人向我抱怨，他们整天忙忙碌碌，为了应酬和维持自己找来的关系而叫苦连天。他们付出了太多的心血，但收获很少。的确，我们发现有些人无法掌握住六度人脉的精髓，他很重视关系，可不会运用经营。他的网织得虽大，但却漏洞百出，死结连连。看似壮观，实际上并不实用，撒进水里，却网不到一条鱼。

出现这种问题，原因在哪儿？在于他们犯了"滥交"的错误，盲目寻找关系，八面开花，四处撒网，力量分散，从而效率低下。我们建立一张关系网，利用关系去捕捉人脉，一定要有针对性。因为人的精力终归是有限的，你全部照收了，网到的不仅是精华，肯定还会有大量的臭鱼烂虾，那将让你头疼不已，清理人脉资源，须从以下几步入手：

第一，筛选。选择一个适当的时机，再去寻找适当的人，不要两眼一抹黑什么都往怀里放，病急乱投医。现在许多人平时不注意积累人脉，建立正确的人脉策略，遇到了事情才心慌意乱，冲动盲目，拿起电话就打，七大姑八大姨，同学朋友，客户或上司，逮谁求谁。没有效果、付出很多不说，还让自己这点儿事搞得满城风雨，大家全知道了。当然，大部分人是很同情你的，但不免也会有人看你笑话，将你的狼狈当做饭后谈资。你的形象也就被自己的错误败坏了。

第二，排队。我们要对自己认识的所有人进行比对和分析，看看哪些人是对自己最重要的，哪些人又是稍次之的，而哪些人则是无关紧要的。并根据自己的需要进行排队，确立座次和序号。在这之后，作出正确的决定，区分哪些关系需要我们重点去维护，哪些只需要进行一般的保持即可，然后合理地安排时间和投入的成本。

第三，分类。对关系资源进行分类整理。哪些人脉可以帮助我们在事业上大展宏图，哪些关系可以和我们一起协商、出谋划策，哪些资源又能为我们提供相应的信息。根据人脉作用的不同，进行详细地区分，列入对应的门类。归纳清楚，就能够有效地利用自己拥有的这张人脉网，清楚地知道在什么情况下应该打什么牌了。

当然，我们建成了一张网，仍然不能松懈，还要不停地进行补充和删除，更新自己的人脉库，调整手中的牌，甚至每隔一段时间，都要重新进行分类和排队，保证自己的人脉质量，从而让你可以从容地在关系中受益。不管遇到了多大的麻烦，都能随时找到对应的关系为你解决问题。

10年前的王飞只不过是一个在山西地区苦苦挣扎的穷小子，可是谁也没能料得到如今他居然成为了资产过亿的大企业家。有人问他："为什么你一个穷小子能够成功？"他很认真地回答："我的成功，全靠我的朋友，如果没有他们，现在的我可能还在老家哭穷呢。"

大学一毕业，王飞就在朋友的举荐下来到广州一家珠宝公司做销售助理。在做助理期间，他接触到了一大批做各种生意的朋友，其中不乏来广州投资生意的大老板。在几位香港老板的帮助下，他加入了香港商会，并借机认识了更多的成功人士。

结交朋友，俨然成为了他的一大癖好，每次他出门，钱包可以不带，却不能忘记随身携带自己的名片。凡是遇到的朋友，他都不忘递上自己的名片，如果哪一天他忘记带名片，就会像忘记了某件重要的东西，浑身不舒服。就这样，他建立起自己丰富的人脉网，并凭着自己的人脉网，做成了很多大买卖。似乎朋友们都乐于帮助他，他的成功也就变得理所当然、水到渠成了。

王飞的成功正好为我们验证了关系就是财富的事实。人永远无法离群索居，每个人的成功都来自于他所处的人群和周围的环境。这表明一个人必须善用关系，并能从关系中寻找更多的人脉，依靠更多的资源才能成功。

如果你懂得了在关系中求生存、图发展的重要性，就能够在这个大环境中游刃有余，八面玲珑，为自己事业的成功开拓一条宽广的道路。不管是做生意，身在职场，还是在生活当中，你都能事半功倍，如鱼得水。处理关系的能力的强弱，正是失败者与成功者的最大差距。

◎锁定你的“第二人”名单

大凡一个聪明透顶的人，他在交朋友的时候一定会想到那些在各行各业极具影响力的大人物。这些人或是社会名流，或是在某些领域名声显赫，拥有丰富的经验。他们具备一个共性：能够提升你的人生境界，帮助你短时间内获得平时十几年可能也无法达到的人生高度。只要你能进入他们的圈子，在这些人的影响和帮助下，你在无形之间就能产生一种向上的强劲的动力，好像吸足了水分的稻谷一样在丰富的土壤中拼命地拔高，增加自己的价值。

这当然是我们最好的“第二人”资源。不过，与这些人物相交，风险也极大，万一碰壁，你极有可能会遭遇到冷眼和冷面孔之类的无情拒绝。这也在情理之中，他们均是成功人士，朋友众多，事务繁忙，不会有太多的闲余时间拿出来考虑怎么“接济”一下那些人脉匮乏的人。当你敲门时，有可能吃到闭门羹。你作为一个“小人物”，或地位低于对方并有求于他的人，一定要作好这方面的思想准备。这需要你不但具备强烈的欲望，还要有坚强的意志和恒心，不惧怕暂时的失败，能够忍受“胯下之辱”，放下虚幻的自尊，以自己谦虚的态度赢得对方的尊重。

“我们该如何去结交他们，如何与他们相处才能成为他们的‘圈里人’呢？”许多人向我提出这个问题。事实上，我也曾经对此非常迷惑，因为强者有他们固定的交际圈，外人总是很难介入，要想成功就必须具备相当成熟的经验和难能可贵的运气。但是，我现在告诉你，只要你遵循一个正确的流程和基本的方法，把他们列入你的“第二人”名单并成功地结交成功，将并非痴人说梦。

1. 在行动之前，充分了解对方的社会背景。

和任何一个人交往，都要从了解对方开始。你不了解对方，他的年龄、职业、家庭情况、过去的经历……这些基本情况你都不清楚，谈什么做朋友呢？很多人都在犯此类错误，他们迫切需要一座人脉桥头堡，找到自己的第二人；他们也有相应目标，早就盯上了“他”。但是，他们对这个人只限于听闻他的不凡声名，对他的社会背景和成长经历却一无所知。

“我要和罗杰斯一块儿吃饭，讨论一下期货问题，请他帮我出谋划策，介绍几个投资商。”你的内心也许正打着这样的算盘，但当我问你对罗杰斯的发家史能否如数家珍时，你却两眼迷茫、不知所措了。那么对不起，罗杰斯就算给了你机会，你也无法打动他。

这就像一场战争，知己知彼，尤其你要成为关于对方的资深研究者，你才能百战不殆，攻无不克，战无不胜。说到底，不管对方的地位有多高，他也是普通人。不仅有繁杂的社会关系，各式各样的业务，也会有着五花八门的性格特征和喜好。我们可以打听他过去的经历，判断对方的喜好，然后为交流作好准备。充分地了解对方，能够让你们找到共同的话题。

2. 初次见面的沟通非常关键。

不管怎么样，我们与这个人的初次见面通常是最关键的，和他交谈的话题恰当与否，将是决定我们能不能引起对方兴趣的关键所在。所谓的恰当，最大的特点就是：一定不能让对方用简单的“Yes”或“No”就能回答你。深入一点说，你要提出开放式的问题，可以让他对此侃侃而谈，这样才能勾起对方的兴致，让他对你另眼相看，留下深刻的印象。

这个人不一定就是你仰慕已久的知名人物，他还可能是你身边的一位有本事的朋友。你遇到了一件事，恰好他有这方面的关系。所以你就请他吃饭，希望他帮你引见那些强有力的关系或提供这方面的资源。他一定会听你怎么说，然后再决定是否帮你这个忙。这时，就要考验你的沟通和表达能力了。

在这方面，我的建议就是：充分的沟通，活跃的讨论。你要引起对方的兴趣——让他对你想做的事、阐述的论题或观点产生真正的兴趣，并愿意加入你这件事的运转之中。你可以让他看到未来巨大的获利，也可以使他感到某些重大的意义。总之，当你沟通完毕之后，不能在他那里形成一碗白开水似的印象。什么都听到了，但什么都没记住。如果是这样，他就不会成为你的"第二人"，也没有兴趣当你的关系桥头堡。

他会对你说："哦，我能力有限，实在爱莫能助，您另请高明吧。"你也只好埋单付账，灰心丧气地回家。

3. 必须展现出自己的能力。

在谈论和交流中，如果对于他提出的意见或建议，不管批评还是赞许，你总是一味地附和，只说"Yes"不敢说"No"，不好意思吐露自己的真实想法和独到见解——就算明知对方的观点有遗漏和错误的地方，也难以启齿，进行讨论，那么对方就会觉得你是在刻意地讨好他，肚里没有什么真本事。一个没有价值的人，对方会尊重你吗？如果你不能瞅准机会适当地表现自己，展现自己的才华，他就很难对你产生真正的兴趣，自然就不会成功地被你列入"第二人"名单了。

当然，最后你需要注意的是一些沟通的方法问题。在这个过程中，切忌锋芒毕露、自大自负，光顾着炫耀自己的才能，阐述自己雄伟的计划，却忽视了对方的感受。你应时刻观察对方的反应和情绪，努力营造一种欢快和愉悦的沟通氛围。否则，你就可能喧宾夺主。虽然你的才能让他眼前一亮，但你过于尖锐的为人风格，却极可能让他不爽，从而和你保持距离。

◎永远不要怕吃亏，关系主动找上门

在生意场上，有一项“中国化”的利人原则，是香港的李嘉诚提出的，他说：“越是只想让自己赚钱的人，就越赚不来钱，有钱大家赚，自己才能赚钱。”这个原则广泛适用于生意场，告诉人们做生意要胸怀全局，舍小利，注重长远收益。只有得利让人，才能吃小亏换来大便宜。事实上，这不仅仅是一种经商艺术，而且也是一种高明的人脉思路，非常适用于六度分割理论中的人脉结交。

对李嘉诚这位知名的华人富豪，美国人中不乏研究很深入的人。有一次我跟加州商学院的一位教授讲到了华人致富的故事。教授认为华人是这个世界上最能吃苦的群体，他们敢于吃苦，什么钱都愿意赚，才能不断地聚敛财富。相反美国人就不行，贪图安逸，追求个体权利，以至于很多事情输给了自己的懒惰。我当时纠正教授说：“不，您只说对了一半。华人之所以可以在商界叱咤风云，是因为他们在赚钱的时候懂得做人，不追求最大化的赢利，而是希望大家一起发财，拥有强烈的共赢思维。”

华人也许是这个世界上“最会吃亏”的民族，经常做些吃小亏赚大利的事情，就像李嘉诚一样。这是中国人的赚钱思维，同时也是中国人的人脉制胜之道。我们宁愿多付出一些，也要让别人得到实惠，因此才会在关系的竞争中，远远地将世界其他民族甩在后面。

上世纪八十年代初期，李嘉诚出任了十余家公司的董事长或董事。换句话说，他控制了这些公司的收益，但为了公司的利益和发展，他的年薪却始终保持在5000港币，要知道这仅仅是当时公司一名清洁工的工资标准。换成你，是不是早就下山去摘桃子，把大部分的收益拿走了？但是李嘉诚却没有这样做。他的无私深得众多股东的好感，所以想办大事时，他的主张很容易得到股东大会的通过。同时，作为大股东，这些公司的股票分红也给他带来了诱人的收益。

真正赚钱的商人，在涉及利益的问题上，从来不是人们想象中的锱铢必较——这只是个别小商小贩给人的印象，小气至极，所以才只能在街头摆摊，去商城开小店，赚一点儿糊口钱。越是能把生意做大的人，他们就表现得越大气，平时诚信经营，更热衷于慈善事业。在待人处事上，更是吃亏是福，不在乎一城一池的得失。貌似失掉了短利，但在整个战略上却获得了大丰收。

日本有一位龙本先生，他经营着一家公园设备制造厂。在钢铁、塑料工业如此发达的社会，虽然这些现代工业产品具有耐磨损、抗腐蚀、省维修费等不可替代的优势，但自创业之时，龙本就坚持用成本相对较高的实木做公园设备的材料。

他的做法在当时可谓是逆时代潮流而动，也可以说龙本对于环保有着远见卓识。他深信，环境生态学时代即将来临，根据环境保护原则，用不作防腐处理的进口木料来制造公园设施是必然趋势。然而，龙本的建议却在当下遇到了困难，因为现行规定制作的木材产品必须实施防腐化的处理。所以，他的建议被管理公司的市公所无情地拒绝。

但是龙本并没有因此妥协，他日夜奔走宣传他的理念。为使有关部门看到使用此种材料的好处，他专门到市公所去谈判，拿出很多的相关证据证明现在很多发达国家都是这样做的，而且就日本的国情而言，考虑到气象和风土问题，最好也采用这种方法。终于，他的努力获得了市公所的理解和赞同，并提出计策，使相关的单位也了解到这样做的必要性。虽然最后用了实木材料让公司收益相对减少一些，但是因为这一次“吃亏”的举动，龙本的公司却意外地得到了广泛的社会效益，并迅速壮大起来。

龙本的成功秘诀就在于他有吃亏是福的长远目光，他相信收益少只是暂时的，有些做法看似让自己吃了亏，但实际上却是捡了大便宜。在当前的阶段，他暂时地将个人利益置之度外，去积极为整个社会着想，推广符合社会未来发展的生态环保模式，也就是在为他的公司的未来发展铺路。等到自己逐渐积累了良好的口碑，建立了健康的品牌形象，人脉就会自然而然地往他这儿聚集。到那时候，他的生意当然就会迅速地扩展，公司也能由此受益，占据市场的主流，最终名利双收。

一个愿意主动吃亏的人，关系永远都会主动上门。这一点很多人都不信，但当我们拿出无数的事实时，人们对此才恍然大悟。人的本性是不停地逐利，所以超过80%的人不想放弃自己的任何一点儿利益，这导致了他们在人际关系中经常处于紧张和对峙的状态。你不让一步，对方也不想退让一寸，谁都不想吃亏，结果就是谁都占不了便宜。

对一个愿意让利的人来说，他的吃亏行为在别人眼中往往会被贴上实在、可交、宽容、仗义等积极健康的标签，这会让他得到更多人的情感认同。人们愿意跟这类人相处，继而也会让他的事业更容易得到强者和贵人的帮持。

我们可以举个例子：公司有件非常麻烦的工作需要人去做，这份工作很难解决，报酬又少，做了吃力不讨好，大家都唯恐避之不及，跑得远远的谁也不想去干。正当老板愁眉苦脸之时，你却站出来主动请缨，不但把事情做好，还不计较可怜的报酬。

你的老板会怎么想？换句话说，如果你是一家公司的管理者，拥有强势权力，发现有这样的下属时，你将如何对待他？

作为一名老板，他当然会觉得你是一个难得的可以重用的人才，当有晋升的机会出现时，老板一定会首先考虑到你。而你的同事也会因为你为他们分担了这份棘手的工作而感激你。你吃了一点儿小亏，收获到的却是“左右逢源”，既提升了自己的人际关系，又为自己的事业增加了砝码。

最关键的那个人，往往是客户

Part 6

你能够赢得一位客户的信任，就意味着赢得了250个人的信任；反之，如果你得罪了一位客户，也就意味着你可能已经得罪了250个人。

◎先从善待客户开始

如果你留意那些人缘好的家伙，就会发现一个普遍的共同点：他们不管对任何人都能做到一视同仁，特别是对于自己的业务关系。所谓业务关系，也就是你要从他们口袋中赚钱或者他们从你这里分一杯羹的客户。许多事实都告诉我们，对你的人脉拓展最为重要的那个人，往往不是你的朋友，而是平时跟你唇枪舌剑在谈判桌上斗智斗勇的客户。

美国的乔·吉拉德曾经连续12年平均每天销售6辆汽车，这个纪录至今无人能破。他凭什么能做到这些？因为他是一个喜欢并擅长在客户中拓展关系的人。有一次他参加一个葬礼，忽然发现了一个现象：每次参加葬礼的人数一般都是250人左右。他据此想到，在每位客户的背后，都大约站着250个人，这是与他关系比较亲近的人：同事、邻居、亲戚、朋友。

根据这个理论，他认为如果一个推销员在年初的一个星期里见到50个人，其中只要有两个客户对他的态度感到不愉快，到了年底，由于连锁反应，就可能有500个人不愿意和这个推销员打交道了。相反，如果你能结交好一名客户，很可能就同时拥有了他背后250个人的潜在人脉。

于是在这个原则的指导下，吉拉德马上行动起来，他要将客户视做自己最亲近的人，予以最大程度的善待。比如在每年的1月，吉拉德都会自己掏钱，寄给他的客户一封充满喜庆气氛的信函，下面是一个简单的署名：雪佛兰轿车的乔·吉拉德敬上。到了2月，信函中写的则是：祝您情人节快乐！以此类推，不管是3月、4月还是5月，每月他都寄出不同内容的卡片，让客户感受到他的诚意及对他们的尊敬。

善待客户只是为了赚钱吗？不是的。吉拉德说："我这样推销不是在推销车，而是在推销我自己。"他将自己塑造成一个在客户眼中体贴入微的优质形象，所以他极其成功，堪称世界上最伟大的推销员。

如果你觉得外国人的环境与国内大不相同，或许没有参考意义，那我们还可以来看一个发生在北京的真实案例。李小梅毕业后留在了北京的一家银行工作，几年后，她已经升任为该银行一家分理处的总经理。从2008年的上半年开始，分理处的业务量明显下降。作为总经理，她必须拿出应对办法。为了改善这一局面，她提出了一个要求：要做好工作，先学会做人。一言概之，就是将客户视做朋友，而不是纯粹的金钱关系。在客户中交朋友，从而促进工作业绩的提升。

这一年的7月，一位外地建筑公司的老板有少量业务在分理处，通过柜面的交流，李小梅与他交上了朋友。在交谈中，李小梅了解到他是江西人，刚来北京不久，人生地不熟，需要帮助的地方很多。所以，除了在业务工作上为他提供支持以外，李小梅还主动地做了一些分外的但却是她力所能及的事情。同时还时常在节假日给他送些礼物，在生日送去蛋糕与鲜花，让他体会到朋友间的真诚与温馨。

有一天早上，李小梅见到这位老板匆匆忙忙地来到分理处，脸色也不太好，便主动询问是不是发生了什么事。他说是自己的爱人生病了，来取点儿钱去医院。李小梅马上帮他提取了现金，而且主动提出可以陪他爱人去看病，因为她正好有一个朋友在医院工作，这样有什么问题都能够方便处理。

这位老板自然十分感动，从此把李小梅当成了无话不谈的好朋友，将自己每个月几百万的业务往来都放到了该分理处。不仅如此，他还介绍生意上的朋友把业务放到这里来。李小梅通过与这些私人老板交朋友，拓展并稳定了一大群大客户。很快，她就通过这种办法，将分理处的业务提升了上去。

善待客户对我们提出的要求，并不仅是让你抓住优质的客户资源不放手就可以了，除了工作上的努力之外，在私下的沟通接触中，我们也要对客户给予足够的重视和体贴。所以我常在培训课上对那些经理人讲："你可以失去一百个朋友，却不能无缘无故地冷落一个客户，因为你会付出更大的代价。"

许多在营销第一线的从业者都有这样一种经历，当他们因为自己的不礼貌或者冷漠流失掉一个客户后，往往随即遇到更大的损失，开发新客户也变得更难。其中的障碍并不在于产品的质量或者价格，而在于这名客户被伤害的心理在他的关系群中得到了共鸣。你伤害的不是一名客户，而是潜在的250个宝贵的关系。所以请尽量善待客户。

1. 热心体贴的工作服务

我们和客户打交道最多的当然是在工作中。围绕着产品质量、售后服务等各个环节，你的工作态度是否热心体贴，让他感到满意，这是善待的基础。如果你在和他谈工作的时候，都无法做到及格，只能做一锤子买卖，那么有过这一次，下一次他就不来找你了，你又拿什么去说服客户帮你介绍新的关系呢？所以，客户评价你这个人，首先会看他在工作中与你的合作是否愉快，其次才谈得上你在私人领域的表现。

2. 无微不至的生活关切

在私下的场合，你给客户留下了什么样的印象至关重要。有些人会犯下这方面的错误。他们是事业上的强人，业务能力让客户称赞不已，佩服得五体投地，但一到私人生活当中，他们的弱点就暴露无遗。比如酗酒、吹牛、暴躁等一系列缺点，让人皱眉。这样的表现，让人根本无法放心，又怎么会拿你当朋友，放心地将自己的人脉介绍给你呢？

针对这两点，我们一定不能掉以轻心，务必做到内外统一，平衡自己的工作和生活，完善各方面的品质，才能让你在客户面前塑造一个比较好的形象，他才愿意和你长久保持好的关系，并帮助你拓展人脉。

◎与客户建立人脉的五大准则

一般说来，我们从客户当中拓展和建立自己的人脉，要遵循下述五条主要的准则：

○定位

我们对自己要有一个明确的定位，你想拥有哪方面的关系，在人脉方面有什么样的需求。有了定位基础，才能有序和清楚地去拓展这方面的人脉，锁定符合自己需求的客户类型。

○互惠

每个人都是有目的性的动物，做什么事情都是有一定目的的。客户同样如此，他和你打交道，不会只想着学雷锋做好事。洞察了这一点，你就明白了所有人脉的实质都是互惠互利的。所以在和客户打交道时，哪怕是建立私人关系，你也不能只索取自己需要的东西，而不顾对方的利益。只有先付出，才可能有相应的收获。如果你只想着拥有而不想给予，那么在对方眼中，你将是一个自私的人。自私的人是不会拥有真正的朋友的，只会被客户当做纯粹的不入流的业务关系对待。

○互赖

学会和客户建立“友情链接”，互相介绍业务，让对方从你的人脉库中受益。看看下面这个故事：

你旅行在外，途中你饿了，你想找一家川菜馆，但是你眼前只有一位面善的服装店老板，你可能就向他打听了：

“附近哪里有川菜馆呢？”

“在东风西路三十号，白云川菜馆。”

“有多远？”

“走路差不多10分钟，”他说，“但是你知道吗？全城最好的川菜馆就是那个饭店。”

当你到了那里后，餐厅里已经挤满人，但是服务员还是为你找到一张不错的桌子，你大吃一顿，在那里消费了两百多元。

当你结账时，服务小姐热情地对你说：“先生，谢谢您的光临，难得来一次这里，难道不想带一套衣服回去送给您的女朋友吗？这里的衣服都是有特别意义的，您的女朋友一定会喜欢的。丽丽服装店是全城最物美价廉的服装店，这是他们的卡片，您有时间的话可以过去看一下。”说完就递给你一张名片，名片上写着“丽丽服装店，金色时代广场西北角，一个你不来就会后悔的地方”。

你仔细一看，这不正是自己刚才问路的那家服装店吗？

这便是我们和客户之间的互生，互相依靠与互相扶持，才能形成资源的共享，实现共同发展。所以，当你在为别人宣传时，不要觉得你吃亏了，因为你一定会收到回报。

○分享

你一定要学会和客户分享，这无疑是一种最好的融入客户的人脉网的方式，你跟他分享的越多，你得到的就越多。一方面，你要跟客户分享知识和思想，多进行心灵层面的交流；另一方面，你要懂得跟客户分享利益，让他感受到你的大度和真诚。

只有这样，客户才会在业务往来之外，愿意跟你做持久的朋友，并且为你介绍更多的关系，拓宽你的关系网，实现六度人脉的建设。就好比一家小饭店，饭菜质量好，另外再出台几个优惠的政策，顾客会觉得这里挺实惠，就会来了还愿意再来，并且愿意向自己的朋友推荐这家饭店。人脉的管理也是同样的道理。

○坚持

当你决定与客户建立持久的关系时，坚持是一项不可缺少的品质。拥有足够的耐心和恒心，你才能等到回报。因为不是所有的投入都能马上得到回报，有时我们也不知道一种人脉会在什么时候给你带来好处或利益。人生的变数是多种多样的，朋友也是如此。你要将给予客户的友情进行到底，经常对之注入生机，你们的友谊之树才能长青，并能在关键的时刻使他站在你的身后，助你一臂之力，替你遮风挡雨，或者带来更多的机会。

◎展示工作以外的闪光点

当我在为切尼竞选顾问组工作的那段时期，为了帮他争取亚利桑那州的选票，史密斯和我组织了一次公关活动，在当地举办了一次慈善宴会，邀请的都是亚利桑那州的社会名流，其中不乏该州的商界大腕。在宴会上，我结识了美国第一太阳能公司的运营总监助理尼菲克斯先生。他是一位充满斗志并且不乏幽默的商界强人，我们谈到了竞选期间的种种趣事，还有美国政界的许多逸闻。

但是，每当我转入正题时，尼菲克斯就会用一种婉转的语气偏离轨道，他避而不谈我们的目标：拿出一笔资金和自己的社会力量来支持切尼先生。史密斯的努力也没有起到太大的效果，以至于史密斯有些沮丧："这是一群软硬不吃的家伙，他们正在待价而沽，关心的不是国家的未来而是实质性的利益承诺。"他说得没错，但这些话对于我们这种公关人员来说毫无价值。我们的目的是争取支持，而不是讨论到底谁当选才是最合适的。

宴会结束以后，已经是晚上9点钟。我并没有就此放弃尼菲克斯，我知道他与布什家族有着千丝万缕的联系，就在不久前，他还参加了小布什的一次私人宴会。史密斯说："嘿，李，算了吧，我们只是走走过场，上帝都知道尼菲克斯是站着那一边的，不要再费心思了。"我的回答是："上帝在睁开眼睛之前，他并不知道自己的目光将落在哪儿。"

10点左右时，我给尼菲克斯先生打了一个电话。这正是他即将到家的时间，他接到我的电话，略感意外，以为我试图继续对他进行说服。我没有谈工作，而是就宴会的一些"招待不周"表示歉意，希望下次能再有机会一起吃饭，邀请他有时间去华盛顿我的公司访问，并祝他晚安。

第二天下午，我请联邦快递给尼菲克斯寄去了我收藏很久的莫扎特的唱片和中国画家齐白石的一幅画。虽然后者是仿品，但仍然让他备受感动，而且，他吃惊极了，签收以后马上给我打来电话："李先生，您怎么知道我喜欢莫扎特和中国画家齐白石呢？"我谦虚地回答："我对您当年在第一太阳能公司的工作经历非常佩服，多年以来一直想和你结为朋友，如果能得到您的指点，我将不胜荣幸。"

尼菲克斯果然在一个月后来到华盛顿。这次他的态度已经大为转变，答应将会全力帮助我实现顾问组制定的目标。虽然他不可能站在切尼这一边，但他愿意把一些资源介绍给我。他说："我只能做这些，李，成败将由你们的努力决定。"这已经是非常不错的成绩了，因为在顾问组的分析中，尼菲克斯是不可能被说服的人，也就是说，我们休想在他这里占到一丁点儿便宜。我不但说服他提供了一些帮助，还与他结成了好朋友直到今天。

从这件事，我看到了一个人在工作以外的表现对事情的成败是多么的重要。我们可以是工作狂、超级销售员，或者随便一种工作上的强者。但对人脉拓展来说这都不是唯一重要的。请记住，客户往往不是被你的销售技巧所感动，有时候，他们是被你的人格魅力所折服的。如何才能获得人格的魅力？这首先要求我们对别人要有出自于内心的兴趣。其次，我们要多展示自己在工作以外的闪光点，让对方全面地了解和认可你。

美国陆军名将麦克阿瑟就是一位很会动用人格魅力的军事领导人。1941年11月，美国有一位叫刘易斯的中将去菲律宾出任麦克阿瑟的航空队司令。他回忆说，自己刚到旅馆，就被邀请到麦克阿瑟的房间，受到将军非常热情的招待。麦克阿瑟拍着他的背，把胳膊放到他的肩上说："刘易斯，我等待你很久了。知道你就要来，我真是太高兴了。我、马歇尔和阿诺德一直在谈论着你……"于是，这次会面给刘易斯留下了极为深刻的良好印象。

用你的人格魅力让客户欣赏你，喜欢你，心甘情愿地与你合作并且对你提供其他方面的帮助，这才是一种投资少而且见效丰的人脉交际策略。

◎怎样让客户为你介绍新关系

在加州，经常有一些公司邀请我去讲课，所以去洛杉矶也就成了家常便饭。每次去洛杉矶我都会住在一家叫麦肯之家的三星级酒店，而且我还介绍了大批的朋友和自己的客户住在这家酒店。我热情地向他们推荐，不惜耗费很长时间向他们讲解这家酒店的种种优点。请不要误会，我和这家酒店没有一点儿关系，既不沾亲也不带故，和他们的老板——一位苏格兰籍的白人也没有任何交情。

我为什么要如此卖力地为他们介绍客户呢？答案很简单，这儿的服务让我非常满意。

不管到哪儿，我都有个习惯，特别喜欢在工作的时候喝一些中国红茶。这家酒店听说后，就特别为我提供了一项很小的服务，不管我什么时候到来，只要进入房间，桌上肯定有一杯专门为我准备的红茶。当我走进房间时，这杯茶的温度刚刚好，香醇之极。就凭这一点，他们就打动了我，我就愿意把这家酒店推荐给我的朋友，和他们一起分享这家酒店的服务。无形中，我就成了麦肯之家的义务推销员。

这表明了重视客户的人脉价值所在，让自己的客户介绍新的客户是一个拓展业务的好办法，既可以大大地避免结识新客户的盲目性，而且有助于一名推销员赢得新客户的信任。这就像打开了一道循环往复自动扩大空间的大门，只要你服务到了一个人，他就可以替你拉来不少于250个的新关系。如前所述，这是250定律在起作用。你能够赢得一位客户的信任，就意味着赢得了250个人的信任；反之，如果你得罪了一位客户，也就意味着你可能已经得罪了250个人。

有一项权威统计向我们表明：如果是由客户推荐的生意，成交率会高达60%。但如果是你自己去到处拜访和开发，有可能联络走访了超过几百个人，也没有一个是成功的。客户介绍的新关系是多么重要，由此可见一斑。因此，你必须认真地对待身边的每个人，因为他们每一个人的身后，都有一个规模不小的潜在的客户群，那是一片人脉之海。善待他，你就像拨亮了一盏灯，照亮身边的一大片，替你节省几百倍的成本，提升几百倍的效率。

要让客户心甘情愿为我们这样做，成为你的宣传大使，你就应该首先取信于现有的客户。如果现有的客户都对你不满意，还怎么可能给你介绍新的客户，帮你结交更多的陌生关系呢？就像麦肯之家酒店，如果它的服务态度很恶劣，我怎么会推荐给我的朋友呢？所以和自己的客户处好关系，让他感受到你的优秀才是最关键的。提供高质量的服务，和他们诚心诚意地交朋友，方能得到他们的帮助。务必记住如下原则：

①你要取得他们的信任。

②你的为人让他欣赏。

③你具有某些别人不具备的品质。

当你具备这三点条件时，你的客户就会主动地找到你，自愿充当你的义务宣传员了。

很多人总是不好意思让别人给自己介绍客户，扩充人脉。切忌不敢开口，应该坦率直言，尽情展示自己的实力，并且大胆直率地提出要求。这没有什么可难为情的，你让一位客户满意，并希望将自己的这种服务让更多的人分享，实现互助共赢，这是每个人都欢迎的事情。所以开口是成功的关键，只要你开口，与你合作愉快的客户都会愿意帮你介绍新的关系，和你共同发展。

当新的关系与你建立联结以后，你应该做的是把别人介绍过来的这些潜在的客户纳入你的“联络图”，实现人脉库的扩容，随时准备联系和登门拜访。通常来讲，这些由客户介绍来的人脉，比你自己去发展的关系要可靠很多。因为一是你已经从介绍人那里多少了解了对方的背景、爱好等有关的情况，工作起来可以有的放矢；二是由于有中间人的介绍，相当于双方的合作将具备某种信用担保，心理上容易取得对方信任，彼此也会更重视，出现意外和变数的可能性较小。

你需要记住的是，如果你的客户向你推荐一个新的客户或者人际关系，希望你们成为朋友，无论最终是否能够成真，你都要向对方表示感谢。这是一项基本礼貌，对维系双方的亲密友谊来说非常重要。

当然，不是所有的客户都会帮你介绍新的人脉。客户也分许多类型，他们有的诚信和坦率，有的则狡猾吝啬，不一而足。在这里我根据自己的经验，简单总结一下对于不同类型的客户，我们应抱以何种期待，以及应该如何采取正确的策略。

★好面子的客户

他们的特点是好面子，在做好生意之余，喜欢表现自己，特别是沉迷于被别人恭维的虚荣之中。也就是说，这类客户的潜意识中，认为自己不管走到哪里，都要成为大家关注的焦点，自我优越感很强。他们可能还带有不少的贵族气质，讲究排场，渴望被重视，当然也就非常乐意向你展示他的雄厚人脉，并且介绍给你。

对待这样的客户，最好的办法就是告诉他：我不能没有你。你要给他表现的机会，尤其在公众场合，让他尽兴，满足他的虚荣心。当他的内心需求得到满足后，对你就会倾力相助，只要你的要求不过分，他都会热情帮助。但这类客户往往少见，如果你经常能遇到，说明你运气不错。

★利益交换类客户

第一种客户是注重精神层面的“贵族”，注重的是内在的需求。第二类客户就比较现实了。他看重的不是面子，而是利益。他会想：我帮你介绍一个关系，自己能从中得到什么好处呢？这就需要你给他一定的物质回报，比如生意上的优惠或提成。从某种意义上来说，这种客户就像你在山上遇到的卡哨，你得花钱买路，甭想在他的眼睛中看到同情或欣赏。如果这类人既不和你明确提出来要好处，也不给你介绍新客户，那么你就一定要从自己身上找找原因了，你身上一定有哪些方面让他很不满意。

★互助型客户

第三类客户追求的是双赢，并将此视为一切事务得以顺利进行的前提。如果他主动帮你介绍新的关系和客户，他一定有事需要你帮忙，否则他是不会为你操这个心的。在他给你介绍了几个客户以后，正当你对他感激不已时，他可能就会婉转地告诉你：不用谢我，朋友，我现在有些困难一直没有解决，希望你也能帮我一下。

如果你拒绝或者说你办不了这件事，他可能就会跟你翻脸了。所以你们之间的关系，从来就不是单向的，有来就得有往，不然就是“非礼也”。他提出来的要求你应该尽量去满足，即便实在无法满足，你也要让他看到你的用心和投入，特别是看到你对于他的价值。只有这样，他才愿意与你保持良好关系。

★友情至上类客户

注重友情的客户是我们最渴求的，不是吗？这样的人帮你拓展人脉渠道，什么要求都没有，只是为了你们单纯的友谊。他就是看好你，重视你们之间的关系，才帮你的忙，不图任何回报。对于这类客户，请你一定不要把他当客户，而是要把他当做自己最好的朋友。

当然，人总是富有多面性，许多客户在很多时候表现出来的是一种复合型的状态。具体表现就是，以上四种特征他都具备一些，让人难以琢磨，不好判断他到底是一个怎么样的人。但是有一点是肯定的，必然有一种类型在他身上是主要的，或者是某一阶段的主导。你要做的就是辨清主次，针对不同的客户和他不同时期的表现来采取对策，你就能在这些客户面前游刃有余，人脉拓展的成功率将比别人高出许多。你将从他们身上获得无穷无尽的新关系，受益无穷。

◎不要忘记旧客户

许多人有一个非常坏的习惯，处理自己的人际关系时喜新厌旧。他们总是更重视新客户一些，对于旧客户却在不经意间冷淡和忽视，以至于当他们回头调取自己的存储资源时，发现那些关系早就不是自己的了。

这属于人脉维护的范畴，也叫做客户关系维护。你只有细致地维护好所有的关系，包括以前的客户，哪怕是几年前只谋了一面的人，才不会使你的人脉轻易地流失。因为不管是新关系还是旧关系，都有可能对你的人生起到至关重要的作用。我们平时就要养成一个好习惯，永远不要忽视了那些早期关系，千万不可用过之后就对他爱理不理，任其流失。

我可以举一个生活中很常见的例子。假如你的一位十多年前的小学同学，你们一直住在同一座城市，彼此都知道对方的联系方式，但是在逢年过节或者你遭遇不顺时，他从来没有问候过你。突然有一天，他主动打电话过来要你帮他一个忙，你会怎么想呢？多少会有点儿不太乐意吧。

反过来，如果他与你经常保持联络，在你的节日或生日时更是情深意切地问候过你，在你困难的时候关心过你，这时他再打电话过来寻求你的帮忙，你心里肯定就乐意得多了，甚至愿意主动去帮助他。因为你们一直在联络，热度丝毫不减，只有这样的关系，才是能够随时调用，提出请求，找他帮忙的关系。

我在人脉课上提到了中国的一句话，叫做“平时不烧香，临阵抱佛脚”，这是六度人脉的大忌。过去的客户与我们有过合作，现在他或者离开了原先的职位，或者你们之间不再有工作上的交集，种种变动，使得他和你在业务上的联系越来越少。你就因此而冷淡他吗？如果你有过这样的行为，我建议你马上拿起电话，拿出自己的真诚和关心去挽回这些损失。

我们要跟旧客户保持经常的联系，不断地为这种关系添加润滑剂，这样才能使自己的人脉始终强大，关系才可以时常保鲜，做到随时可用，用则能战，战则能胜。以下几种方法可供选用。

1. 顺路时的探访让他惊喜

当你出差到外地，或者下班后路过这位客户的家时，请一定去探访一下。哪怕你只能与他相处5分钟或10分钟，只能喝口水或吃顿便饭。时间是短，可好处无限。这是在向他表示你对他的惦念和重视，他一定大感惊喜，对你的印象会非常好。

2. 关心他的子女使他心暖

将关注从他的身上拿出一部分，投注到他的家庭中，尤其是他的子女。如果一名客户的孩子尚小，你可以在他们过生日的时候，打电话送上祝福，或送个蛋糕。礼物的轻重没什么，情意的深重却能使他心暖。这是朋友的行为，而不再是冷冰冰的工作关系。要知道，对一个人来说，子女通常是他心中最重要的人，你重视他的子女，他同样也会重视你，并把你视为他生活中的好朋友。

3. 没事常聚聚体现温情

周末以及假期时，如你有时间，请约旧客户出来喝茶小聚，既陶冶了情趣又使你们之间的关系得到了升华。这意味着你们之间不仅是某种业务合作关系，而且是可以谈天说地的朋友了。

4. 网络交流增添快捷性

现在人们之间的交流方式越来越多，除了日常的电话或会面，电子邮件、MSN、微博及QQ则是更为快捷的联络工具。请不要忘了送上一句QQ留言，一封邮件祝福。这对于工作忙碌没有时间接听电话的人来说，是格外有效的沟通方式。

5. 关键时刻的电话体现关切

当他无比沮丧，生活中遇到麻烦时，别忘了打个电话过去，提一个不错的建议，给予他一些帮助；在他高升或遇到喜事时，也请电话问候和祝福一下。这些关键时刻出现的联络，体现的是你对他生活的关切，是你对他这个人的重视。

6. 生活中的变化及时告之

自己不论是升迁、搬家、更换手机号或者其他一些重要的变化，切记及时地告知对方。这样会让他觉得，他在你的心目中地位很高，你很重视他。从另一个角度讲，这又是一种信息的刷新，因为过时的信息是无用的。如果你的手机号换了，却不通知以前合作过的客户，假如哪天他又想跟你合作一次，给你送来新业务，一打电话却是空号或停机，受到损失最大的往往不是他，而是你。

◎运用生动高效的交流技巧

○学会充当调解者

我们的客户或朋友之间，他们极可能因某些问题产生冲突从而发生不和，这时如果情势需要，你应挺身而出，义不容辞地出来当一名合格的调解者。如果你能帮助他们解决矛盾这当然再好不过了，或许双方都在等一个台阶下，你一劝说，大家又都重归于好了，两方都会感激你；即使你调解不成，他们也会理解你的良苦用心，不会觉得你多管闲事。

○采用有创意的沟通

交流的细节是我们要注重的，每个人都欢迎创意，也都喜欢收到意外的礼物。比如客户过生日时，你送上的礼品独树一帜，展现了自己的创意，显出了你的特别之处，他对你肯定另眼相待，觉得你是一个细致入微的人。千万不要小看细节的力量，因为小处可见大，成大事者，都要从小处着手。一个小小的创意，就可能帮你摆平一个重要的关系。

○在各种活动中交流

多利用参加社团、俱乐部、产品活动的机会，与你的客户进行广泛交流。这些活动一般都有一个共同点，话题较多，气氛轻松，能够引发足够多的灵感，提起你们的兴趣。在这个基础上，我们和客户的交流沟通，其生动性和有效性就能够最大限度地提高了。

○抓住变动的机会

当对方的生活发生变动时，这个机会你要抓住了。比如你的人脉名单中的某个人升迁成为某公司中的头号人物，或你的某个事业有成的朋友突然要另起炉灶，开了一家更有前途的公司。对于这些信息，你都要密切地关注，不能有漏网之鱼，绝不可等到事情发生很久之后，你才有所耳闻，这时已经晚了。当你听闻这些消息时，一定要及时、主动地联系他，对他表示祝贺，表明你因他而自豪和骄傲，表达你发自内心的高兴和对他的赞美。

○提供有用信息

通过我们的客户，我们可以获取很多对自己有利的信息，反过来，你也要考虑到对方的需要。他是不是也需要你为之提供一些有用的信息呢？你应该承担这样的义务，时时观察自己身边各种有用的信息和资讯，将对他有利的部分及时地提供过去，你留给他的印象就一定是正面和宝贵的。

○重要场合亲自参加

这是非常重要的一点，遇到客户的婚礼及其他人生中的重要事件时，你要尽可能抽出时间亲自到场祝贺。就算你忙得连自己姓什么都忘了，也要提前打电话说明并表示歉意。在事后的补救中，也要亲自现身，当面致歉并补上一份礼物。当你能把对方的大事当做自己的大事对待时，你就已经走进了他的心里，他永远都不会忘记你了。

突破小圈子，升级自己的人脉层次

Part 7

身边的朋友决定着我们的人生，影响着我们的命运。往更具有决定意义的层面阐述，一个人的朋友圈，其实代表的就是他这一生能够达到的最高成就。

◎想看清一个人，就去认识他的朋友

我开始的时候朋友很少，直到有一天认识了一位在美国公关界很有名的公关经理，他告诉我，你只要看看一个人身边有什么朋友，就知道他的价值。于是，我开始了深切的反思，那天晚上，我一个人静静地分析自己的人脉库，发现了一个致命的弱点：我自己的朋友少得可怜，这表明我的价值也并不像自己想象的那么巨大，而是时刻充满跳水的风险，假如我不及时突破旧的人脉圈的话。

在华盛顿，有一句话是这样说的："你的财富，等于你身边最要好的10个朋友的财富的平均值。"这句话应该如何理解呢？其实很简单，意思是说，你的朋友圈决定了你的交流范围，而你的交流范围又决定了你的机会。如果你所处的圈子只是一度的小圈子，那么你的价值也只有最低的一度而已，你身处社会最底层的可能性不会低于80%。所以当我们想看看一个人值几文几钱时，有时候并不需要真正研究他，你只要称量一遍他的朋友就行了。

现在的世界已经是一个人脉社会，你的朋友如果是百万富翁，你的身价也不会太低。“物以类聚，人以群分”，说的就是这个道理。每个人其实都在寻求对等的朋友，包括财富、地位、职业、学识……种种因素。

当然，我这个观点可能会引起不少人的争议和误解，有人会觉得在区分朋友关系时，不应该分贵贱、高低，尤其不能像商品一样明码标价衡量价值。但事实上，现实往往就是如此，而且对人的价值进行评估并不是什么可耻的行为，因为在每个人的潜意识里，早已经对人的价值有了精准的评估和分类了。

比方说，有些时候你自己都可能会不停地在想：“啊，假如我认识了巴菲特，他就能为我提供某些重要信息，一旦掌握了这些信息，我就可以做成某笔大买卖，一下子大发一笔；而我认识的另一个犀利哥却总是在向我求助，为了帮助他我已经作出了很多牺牲，真是太不值了……”

这种幻想和对比，并不是一种利益取向的行为，而是出于我们对于人际关系的平等追求。

华盛顿曾经有一家机构举办过一个主题为“创造财富”的论坛，在正式的讨论开始之前，主持人开口问了各位与会者一个很直白的问题，他说：“请大家写下和你相处时间最多的10个人，也就是你关系最亲密的10个朋友，写下他们每个人的月收入，从他们的收入我就知道你的收人。为什么？因为你的月收入就是这10个人月收入的平均数。”

开始的时候，有一些人觉得这是一个很简单的互动小游戏，目的就是活跃一个现场气氛，因为所有人都觉得，自己的月收入怎么会由朋友的月收入来决定呢？但是，当他们写下最亲密的朋友们的财务状况时，果真，很快就发现自己的收入真的和他们收入的平均值差不多。那些月收入30 000多美元的人，他的朋友的月收入也大多是30 000多美元；拥有资产达到1000万美元的人，他的朋友的资产大约也是在这个水平线；对于那些经常使用信用卡的循环利息的人，他的朋友也几乎都是处于负债的边缘状态。似乎这种比对是一种“传染同化”性极强的病毒造成的。

说到原因，这并不难以理解，请想想看，你的很多决定或者想法，甚至是一些生活方式和习惯是不是都和你亲密的朋友有关？可以说，我们永远都无法否认朋友对于我们的影响力。

就像有一段名言所描述的：

> 你想成为什么样的人，就和什么样的人在一起。想成为健康的人，那你就和健康的人在一起，因为他会告诉你如何保养身体；想成为快乐的人，那你就和快乐积极的人在一起，因为他会告诉你如何拥有快乐积极的心态。而如果你想减肥，千万不要和一个胖子在一起，因为除了遗传因素，一个人之所以胖是因为他从来不知道节

制食欲，而且他通常会有一种不怕胖的理论，你和他在一起，就会在不知不觉中受到他的影响，那你的瘦身计划就不可能成功了！

我可以肯定地说：身边的朋友决定着我们的人生，影响着我们的命运。往更具有决定意义的层面阐述，一个人的朋友圈，其实代表的就是他这一生能够达到的最高成就。如果他的朋友之中缺乏具备亚马逊创始人杰夫·贝佐斯那种眼光和品质的人与他惺惺相惜，他即便历经万般努力，恐怕也很难创造一个属于自己的“亚马逊”。

诚如斯言，今天的保罗·艾伦有时会被认为是一位“一不留神成了亿万富翁”的人。但事实上，他的成功完全不是偶然，因为他在很年轻时，就与比尔·盖茨在一起共事了。他们志趣相投，一起打拼事业，并一起创立了微软公司。比尔·盖茨是总经理，保罗·艾伦则是副总经理，他们互相陪伴在对方的身边，这决定了他们二人辉煌的未来。

就像我们今天所看到的，微软公司已经成为世界IT业的一艘超级航空母舰，而微软创始人比尔·盖茨，曾经是众所周知的世界首富，之后也始终在全球财富排行榜上名列前茅。虽然保罗在他的巨大光环下，星光难免有些暗淡，但在《福布斯》富豪榜上他也可以跻身前五位，个人资产达到了惊人的210亿美元。

因此我经常对人们说：请为自己找一个“富”朋友，因为“穷”朋友会让你也陷在泥淖中不可自拔。这是朋友对一个人所能产生最为广泛和主要的影响力，有时它是不可逆转的。如果你在一个朋友身边待上10年，你就有超过70%的概率具备他身上大部分的特点。你们的收入相差不大，思考问题的模式总是差不多，最要命的是，你们往往处在同一个阶层，而且还成了邻居，将你们的阶层角色进行固化。

请牢记犹太人的经典《塔木德》中的一句话："和狼生活在一起，你只能学会嗥叫；和那些优秀的人接触，你就会受到良好的影响，耳濡目染，潜移默化，成为一名优秀的人。"当你明了此间奥妙时，我劝你先好好地思考一下自己究竟想要成为什么样的人。如果你想清楚了，OK，不要犹豫了，从我的课堂走出去，就去和那样的人做最好的朋友吧！

◎扩大圈子，必须要有布局意识

我们都有一个属于自己的小圈子，一张人际关系网。有时你可以轻易地发现，想对它们进行一些改良或者进行适当的突破，总是很难的。这一方面是生活环境对我们的前进脚步起着逐渐加强的迟滞作用，环境会劝我们安逸下来；另一方面，是因为我们缺乏明确的计划。

我想认识什么样的人？许多人并不会问自己这样一个问题，然后去结合自己的事业发展，像盖一座大楼那样为六度人脉拓展做一张设计图，有目的地去储备人脉渠道。而多是瞎猫碰死耗子，走到哪儿算哪儿。储备人脉渠道，在这之前我们需要布局，就像进行一场战争，你要排兵布阵，才能攻上主峰。但是，当前鲜有人可以始终理性聪明地执行一种布局思路，人们经常盲目地攀谈，四处寻找关系，企图进入一些人脉圈，但结果总是失败。

问题就发生在，他们对于正确的路线和计划毫无准备，且没有敏锐的意识。

全世界的每一个成功者，都是在通过经营人脉的基础上获得了丰厚的回报。对此我可以举出很多例子，只要你有时间，我可以用三天三夜为你讲述那些运用头脑进行人脉设计和经营的聪明人的故事。他们很显然都是一些成功者，而不是在人脉网中撞得一塌糊涂的人。当然，我们即便不会进行设计和布局，只要为自己准备一份清楚的计划，也总能每年一个台阶地扩大自己的交际圈。这也是一种难得的进步，就像我这20年的历程一样。

从大学毕业那天开始，哈维就开始找工作了。当时的大学毕业生很少，他自以为可以找到最好的工作，结果却是徒劳无功。好在哈维的父亲是一名大记者，认识一些政商两界的重要人物，其中有一位叫查理·沃德。沃德是布朗比格罗（Brown & Below）公司的董事长，这是一家全世界最大的月历卡片制造公司。

其中的渊源是这样的：四年前，哈维的父亲针对沃德的税务问题作了一些公正的报道，因此沃德对他充满了感激，一直在找机会进行报答。

当沃德出狱以后，他问哈维的父亲是否有儿子。

“有一个在上大学。”哈维的父亲说。

“何时毕业？”沃德问。

“他刚毕业，正好是需要一份工作的时候。”

“噢，那正好，如果他愿意，叫他来找我。”沃德说。

次日，哈维打电话到沃德的办公室，这一通电话改变了哈维的命运。在街上闲晃了一个月的哈维，出现在了铺着地毯和装饰得大方得体的办公室内，他不但顷刻间有了一份工作，而且还是到“金矿”工作（在美国，“金矿”是指薪水和福利最好的单位）。

这不仅是一份工作，更是一份事业。42年以后，哈维还在这一行继续寻找那个捉摸不透的金矿，并且成为全美著名的信封公司——麦凯信封公司的老板。

哈维的成功要感谢他父亲基于公正立场的新闻道德无意中为他创造的黄金机会。谁也想不到，沃德是一位知恩图报的谦谦君子。但人脉的布局就是这样，我们今天做的一切，并不一定会马上得到回报，也不一定必将有所斩获。可是，就像我们即便进不了一个房间，准备一把钥匙也比两手空空要好。难道不是吗？

◎别错过任何传递价值的机会

我们需要抓住任何表现自己价值的机会，在那些重点场合和次重点平台，对每个人都展示自己的魅力与能力。有些机会一旦错过，你再想补救便为时已晚。上帝会给你一块馅饼，但你别指望还有第二次，如果你缺乏一颗善于发现的心以及果断的神经。

美国总统奥巴马是一个非常明显的例子。他在最初步入政坛时，也是努力寻找增加曝光的渠道，创造更多树立形象的机会，在他的自传《无畏的希望：重申美国梦》中就有这样的描写：

> 在竞选联邦参议员时，我每天给民主党主要捐赠人打四五个小时的电话，试图得到他们的回复。我召开过记者招待会，却没有一个观众。我们签约参加一年一度的圣帕特里克节游行活动，却被安排到游行队伍的最后。我和10位志愿者只能朝滞留在路边稀稀拉拉的几个观众挥手，并且身后几步远就是清洁车，工人正

在清理垃圾和路灯柱上的绿色三叶草贴纸……

大多数时候我都是独自驾车游说，首先从芝加哥的一个个选举区，再到各县各镇，最后跑遍了整个州。路过大片的玉米地和豆子地，火车轨道和贮料仓，整个过程举步维艰：没有一份像样的邮件联络名单，更没有好好地利用网络优势。我只能靠朋友和熟人关系去敲开每一扇陌生的大门，或将拜访安排在教堂、工会大厅、桥牌小组这些地方。有时赶了几小时路程后，发现只有两三个人围坐在餐桌旁等我。这时我还得让主人别介意到场人数，而且少不了把他们准备的点心赞美一番。有时候我等到教堂的礼拜仪式结束，而牧师却把我发言的事忘得一干二净……

正是在这样的情况下，奥巴马凭借着自己艰苦和单纯地努力，创造出了很多增加自己曝光率的渠道。他抓住了每一次为自己树立好形象的机会，后来成功地当选为美国的联邦参议员，帮助他在最终问鼎白宫的路上迈上了非常重要的一级台阶。

我们虽然不至于如同奥巴马一样，有着成为美国总统的伟大目标。但在生活中那些稍纵即逝的良机，其意义或许比总统一职更富有引诱力，也更加实际。一次好的表现可以让老板记住你的才华；一次关键的发言或许能说服客户下定决心购买你的产品；一次幽默的谈话想必也能为你赢得芳心。

只有抓住一切机会来展示自己的能力，包括多与同事交流，打开自己在公司的人脉等等，你的价值才能得以释放，并让人们意识到，以至将你纳入他们关注的范围之内。

首先，你要建立你的价值。

当你准备这样做、向周围发送你的信息、证明自己的存在时，你要先冷静地问问自己：我对别人有用吗？我具备什么样的价值，我能在哪些地方帮助别人？当我开始表现的时候，是否具备足够的说服力，让他对我建立信任？如果经过一番审视和自我检查，你发现自己还无法被人利用，就说明你不具有价值。你越是有用，就越容易在传递价值的同时建立起牢固的人脉。

曾经有一个未婚青年对我说："我的另一半应该在天平的另一边，我有多重，她就会有多重，我有多少价值，她就有多少价值，所以我要先提高自己的价值，这样我才能找到一位具备同样价值的妻子，我对于妻子的要求就是我对自己的要求。"

他的理解就非常到位和清醒，基于自身的价值建立，然后再去要求别人。这就像我们建立了一个个网站，当你刚开始设立这个空白的Blog（博客）时，你会立即就去做宣传吗？我想不会有人这么做的，因为你现在一无所有。六度人脉并不是搞慈善活动，只要你开口，你出现，别人就愿意照顾你，像抚养小孩那样对你不计成本地投入。

其次，明白向他人传递自我价值的重要性。

不要忽视和错过任何机会，这是你接下来要做的。世界第一的推销员乔·吉拉德在台湾演讲时，台下的人热切地盼望他讲一讲自己成功的秘密，他们以为乔·吉拉德会讲出一些神圣的和高深的理论，但他只是将自己的西装打开，从里面拿出了至少三千张名片放在现场。然后他说："各位，这就是我成为世界第一名推销员的秘诀，演讲结束。"说完他就下场了。

这就是成为人脉赢家的制胜之术，抓住一切机会和别人交流"价值"，不要害怕对方的拒绝，就像散发自己的名片一样。你明白这么做的重要性，要勇于让对方利用自己。一个总不愿被人利用的精明人，他将难以为自己建立真正的人脉。在人际交往中，你要善于向别人传递你的"可利用价值"，从而促成交往的机会，彼此更深入地了解和信任对方。

最后，抓住一切机会，向他人传递价值，并让自己成为价值中转站。

只要机会出现，你就要抓住它。有时机会就像流星，稍纵即逝，不会给你太多思考的时间。知道我是怎么做的吗？平时去加油站给自己的汽车加油，我都会客气而礼貌地送给加油工我的名片，告诉他们我在哪里，从事什么工作，并恳请对方留下他的联系方式。你不要惊讶，在我的书房，至少储存了几百名加油工的电话号码——其中我还真的收到了他们的回应。有一次，我接到一位加油工在凌晨三点钟打来的电话，他告诉我，他的一位亲戚在华盛顿一家公司负责一个项目，他们遇到了公关方面的麻烦，问我能否出手相助。

“没问题！请告诉我他的电话，5个小时后我马上联系他！”早晨8点，我就准时联系到了他的那位亲戚，简单了解情况之后，我迅速派人飞往华盛顿，和他达成了合作协议。

此外，我们不但要传递自己的价值，还要抓住一切机会将朋友的价值联结起来，让自己成为一个信息中转站。如果你有很多朋友，为什么不这样做呢？如果你只是接受或发出信息的一个终点，那么你的人脉产生的价值是有限的；但是，如果你能成为信息和价值交换的一个枢纽中心，那么别的朋友也更加乐意与你交往。你能促成更多的机会，从而巩固和扩大自己的人脉网。

这是六度人脉动态迭增的关键所在，我们寻找并且建立自己的价值，然后把自己的价值传递给身边的朋友，并且促成更多信息和价值的交流，结果就是我们的人脉越来越广，形成了一个不断扩大的价值平台。在这样的平台上，你将无所不能。

◎不停地结识成功者

你要想获得成功，就要与成功的人做朋友，然后让成功者成为自己的人脉资源。事实上谁不想将自己推上成功的顶峰呢？人脉便是其最强大的推力器。在一些领域已经取得成功的人，他们一般会被归入黄金人脉，因为他们往往拥有很多资源，能够轻而易举地对你进行直接的帮助；此外，成功者的人脉圈也比较雄厚，如果你能加入他的圈子，对你来说也会得到巨大的间接利益。

张德培是著名的华人网球明星，他的青年时代与桑普拉斯和阿加西等人都跟随同一个网球教练尼克。尼克还带出了威廉姆斯姐妹和库尔尼科娃等世界知名球星。张德培依靠他顽强的意志和拼搏精神，打败了他的几位师兄而获得世界网球青年冠军。但成年后，桑普拉斯和阿加西都先后多次获得了世界网球排名第一的好成绩，可张德培最高的排名仅是世界第二。

为什么会这样？因为桑普拉斯和阿加西后来都聘请了最顶尖的教练，张德培却没有。像桑普拉斯，他聘请了世界最著名的发球教练，而他的发球得分率也是最高的。张德培却聘请了没有职业网球经验的哥哥和父亲做教练，结果可想而知。同样的素质，不同的教练就产生了不同的效果。同样的起跑线，因为后来各自加入的训练平台不一样，差距就逐渐地拉开了，很难追赶。

与成功者不停地进行交往，将越来越多的成功者纳入自己的关系网，就像在为自己聘请更好的教练。我们和成功者成为朋友，并使之成为自己的人脉资源，就可以产生辐射效应，扩大自己能够到达的区域。

另一点非常重要的是，我们常与高出自己的人交往，自己的水平也能够迅速得到提高，可以少走很多的弯路。

诚然，既然是成功者，不可能你想见就能见着。他们不但有身份有地位，工作也常提前安排得密密麻麻，闲余时间很少，所以你就算直接登门拜访，未必就能与之相见。可是在我看来，方法总是有的，只要你开动脑筋，发散思维，许多特别的手段我们都可以用得上。

华尔街有一个美国人吉森非常出名，因为他是一个名人控，结交名人的方法很多。有一次，我们把吉森请到培训课程中，让他介绍自己的经验。

他说："我每次坐飞机，都会选择头等舱。一是因为这是一个封闭的空间，不会有其他杂事或电话干扰，可以好好地聊上一阵，利于我们去更好地展示自己。二是因为搭乘头等舱的都是一流人士，只要你愿意，大可主动积极地去认识他们。我通常都会主动地问对方：'可以跟您聊天吗？'由于在飞机上确实也没事可做，所以对方通常都不会拒绝。因此，我在飞机上认识了不少顶尖的人物。"

你不一定非要专门坐头等舱，而且也不是每个人都有机会坐飞机，但吉森的聪明智慧告诉我们，只要你想，办法总能找得到。每个人都有机缘与成功者擦肩而过，关键在于你的眼光和勇气，以及见缝插针的灵活头脑。

各行各业的成功者一般都受过良好的教育，他们具有良好的素养，而且对社会交际的需求更大，所以他们一般都懂得辨识对自己有益的社交人群。只要你有价值，能力足够，品质高尚，那么在掌握了合理技巧的前提下，就能与这些成功者顺利地建立联结。

你要从以下的几个方面进行努力：

1. 为自己制作足够个性和富有吸引力的名片，在投递过去的一瞬间，就能让人对你产生深刻的印象。有时候，对方多看了一眼你的名片，往往就有可能给你带来一次绝好的机会。

2. 多去参加座谈会和演讲会。因为那些社会名流往往都会定期举办座谈会或者演讲会，有时间你不妨去听和看，加深对他们的了解。如果你根本不了解一个人，你是别指望他会跟你做朋友的。

3. 去艺术展览场所寻找机会。你要通过这样的场所，显示自己的品位，并设法让名流之士也知道你们的这一点共通之处。重要的是，在这里你一定能够发现他们的身影。

4. 请别忘了参加相关的交际组织。因为有些成功人士可能会因为个人的喜好加入某个社会团体或组织，如果你也对此颇有兴趣——或以结交他为目标，不妨也加入该组织，为此支付的成本一定是最低廉的。同在一个内部组织中，他们会对你产生更多的亲切感，交流起来就更容易，也更易于获得对方的认可。

◎人脉挂靠：依附名人的影响力

名人的影响力说到底是什么？这如同使你拥有了一只老虎的威严和地位，它能带给你不竭的财源。两个条件完全相同的人去银行贷款，认识李嘉诚并且和他有固定交往的人就会得到银行的青睐，很快就能将自己需要的资金审批下来；一穷二白谁都不认识的那个人，则会遭到银行的冷眼，即便能够证明自己的还款能力，也会经历银行格外严格的审查。

这就是名人效应。背靠大树好乘凉，有一个或多个知名人士做你的靠山，就能强化你的气场，扩大你的影响力或说服力。不管你做什么事，只要能巧妙地利用名人效应，不但可以带动人群，使你一本万利，还能利用这种人脉挂靠所产生的强大价值，短时间内成功地包装自己，让人刮目相看，起到完全不同的交际、公关和营销效果。

爱尔兰人艾布杜本不是一个长袖善舞的商人，原先不过是个只图温饱也有问题的零工罢了。可是当他走遍世界92国之后，如今他拥有的银行存款超过了四百万美元，住的俨然是皇宫般的豪华洋楼，出门则以名贵的宝马轿车代步。

这位生活奢侈、出手阔绰的大亨，他的财富并不是靠经商得来的，而是靠着几本签名簿摇身一变而成了远近闻名的大富翁。其实，让他致富的法宝，说来简单而有趣。他的签名簿里贴有许多世界名人的照片，再模仿名人的亲笔签字，签写在照片底下，艾布杜便带着这几本签名簿浪迹寰宇，登门造访工商巨子和数不清的富翁巨贾。

“我是因仰慕您才千里迢迢从爱尔兰来拜访您的，请您贴一张玉照在这本‘世界名人录’上，再请您签上大名，我们会加上简介，等它出版后，我会立即寄赠一册……”

被他拜访的富豪，一看到其他的照片和签名都是当代世界的名人时，会有什么反应呢？人都是好出名的，尤其是有钱人更爱虚名，因此，多数人都心甘情愿地签下了大名，并向他提供自己最得意的照片。

又由于这些人有的是钱，又喜欢摆阔，一想到能跟世界名人排名在一起，便感到无限风光。这样一来，他们就会毫不吝惜地付出一笔为数可观的金钱。

每一本签名簿的出版成本不过是区区一二美元，而商人所给他的报酬，却往往超过千元。他在这方面整整花了6年的时间，旅行92个国家，提供给他照片与签名的共有两万多人。给他酬劳最多的有两万美元，最少的也有50美元，总计收入大致超过了500万美元。

他的成功之道在于，在自己的本钱并不多的情况下，他找到了可以作为“老虎”的法宝带在身边，为己所用，为他个人提升了身份和价值，也让他成为了名人阵营的一员。

现在很多精明的人际关系专家和营销好手，他们在公关促销中不但注重运用自己的头脑和智慧，而且擅长借用名人的影响力，策划出让人叫绝的商业营销和个人推广的经典案例。

在美国的金融中心华尔街，有一位商学院的实习生，利用人们对石油大王洛克菲勒的仰慕敬畏心理，略施小技，就让自己在短期内发了一笔财。开业伊始，他就在墙面中央挂起一幅洛克菲勒的画像，尽管他从未见过这位石油大王，但人们却以此联想到他与洛克菲勒关系非同一般，甚至有人将他视为经济界消息灵通人士，主动与之交往并给予他慷慨的帮助。于是，他巧妙地利用人们的这种心理，赢得了不少商界大亨的支持与捧场，让自己的人脉库迅速充实膨胀，也让自己的生意越做越火。

不过，人脉挂靠虽然威力巨大，能够节省时间，提升我们的人脉和营销效率，但对我们自己的要求也非常高。这需要你非常注重自己的生活细节，提升品位，使自己的形象尽可能接近人们对于“名人的朋友”的定位和想象。你要在生活细节上严格地修饰自己，进行恰当的包装，只有得体的细节装饰，才会明显地提升你的品位和价值。然后，才能聪明而且合理地运用外力，把其他事物的威力移借到自己的身上。我们要用慧眼找到适合自己的外力切入点，这是人脉挂靠的策略运用中最为关键的一环。

当然，假借名人的影响力需要适可而止，不可滥用。运用这一个途径拓展人脉和增加自己名气需要格外留意一个很重要的问题，就是要把握尺度，要恰到好处和见好就收，不然就有行骗的嫌疑。尤其注意的是，在利用名人效应结交朋友和进行商业营销时，千万不要做那些损人利己和伤天害理的事，否则你的人脉之路，终将一事无成，你会为自己的不诚实付出惨重的代价。

提升自我，强化自己的人脉磁场

Part 8

要想赢得别人的赞赏和帮助，或者得到别人的器重，在六度人脉的链条上占据一个传递信息的位置，首先就要有被“利用”的价值。

◎亘古不变的人脉法则：价值决定人缘

因为工作性质的关系，我每天都在和人打交道，接触形形色色的人。他们来自于不同的行业，做着各种奇怪的工作——有些工作是我完全不了解的，甚至是我百思不解的，比如军方和从事情报工作的人。但无论走到哪儿，对方是谁，我都可以自如地和他们交流。不管在任何场合，我都能够与他们愉快地相处。因为我深深地知道，六度人脉的拓展，本质的环节不在于我们计算通过几个人才能达到目标，而是我们可以为对方提供什么。

现在很多人也在进行六度人脉的拓展，积极和频繁地出席各种与他的工作相关的场合，参加种种行业内的活动，认为这样一定能够为自己赢得异常丰富的人脉。可是结果却发现，用这种方式所结交到的新朋友，没有几个能够转换成对他来说无比重要的人脉资源。到手的越来越厚的名片夹，其实并不能成为对他真正有用的关系资本。

很显然，他们忽视了经营人脉最为关键的一环，这也是我们在六度分割理论的推广过程中一直在讲的公开的秘密：经营人脉的实质不是让你主动“认识更多的人”，而是提升自身的价值，从而“让更多的人认识我”。

在日常的商务交往中这一点表现得尤其明显，人们认识你，不是想和你交朋友成为知己，进行心灵的沟通。相反，大多数人都抱着可以从对方身上得到一点儿实际利益的态度。所以，如果你想在这样的交际场合中被人注意，成为引人注目的发光点，你就必须将自己的特质和能力体现出来，将自己打造成一个人们眼中有用和有价值的人。人们遇到事情时，第一个想到的就是你，这样你就成功了一半，你才能吸引到更多的人来帮助你，与你进行价值交换。

刘克是个机灵、活泼、爱交朋友的小伙子，大学毕业后很幸运地得到了在机关单位实习的机会，但是想成为正式员工还要通过试用期。在工作中，他总是很佩服那些有能力的同事，有意无意地表现出想融入对方圈子的欲望。但每当刘克主动靠近他们的时候，他们似乎并不太热情，有的甚至摆出一副爱答不理的样子。

这让刘克感到很是困惑，作为同事，不是应该相互帮助的吗？一次，他无意间听到同事在背后的议论：“刘克总是有意无意地跟我套近乎，估计是想在我这儿学到些什么东西，关键是他并没有什么值得我们学习的呀！对我不会有任何的帮助！那倒不如帮帮刘处长的外甥呢！”“就是！”另一个同事随声附和，表示赞同。

同事口中的“刘处长的外甥”是刘克的同学，毕业后同时进入这家单位实习。但是，单位只有一个空缺的名额，也就是说两个年轻人在试用期过后只能留一个。

刘克听到这儿，很是气愤，但是在气愤那些人势利的同时，他也明白过来，同事跟你非亲非故，没有情分和理由“应该帮助你”。这些人之所以对你不感兴趣，不愿伸出援手，恰恰是因为你还不具备让人得到利益的能力与条件。

在接下来的工作中，刘克不仅更加努力，还利用假期和休息时间报名参加职业进修班来提升自身的职业技能。在之后的日子里，他不断刷新业绩，很快得到了领导的赏识。以前那些对他不感兴趣、刻意疏远的同事，现在也都频繁地对他表达好感，甚至有一些老同事还要张罗着给他做媒呢！当然，试用期结束，他成功转正，成为最后的赢家，而那个刘处长的外甥被淘汰了。

★人脉价值原则：不怕被利用，就怕你没用

在人脉拓展中，不管是工作还是生活中，每一个人都愿意与比自己强的人交往，而不想跟那些弱者待在同一阵营。如果你这个人做什么都不行，没有任何资本和营养，必定是人见人嫌，哪里会有人主动接近你？一个无能者，他的人缘一定差。所以，要想赢得别人的赞赏和帮助，或者得到别人的器重，在六度人脉的链条上占据一个传递信息的位

置，首先就要有被“利用”的价值。

你的“被利用”的价值，决定了你在别人心目中的层次，同时也决定了别人是否愿意与你交往，并对你提供帮助。

说起来，这就像买股票一样，人们都抢着购买绩优股，因为只有绩优股才会使他们赢利，给他们带来利益。谁会傻到去拿钱购买垃圾股票呢？除非他是一个潜力股，让那些慧眼识才的伯乐看到了。

在工作中，一个重要的晋升准则就是，我们要想让老板器重和提拔，要做的就是不断提高自身的价值，而不是整天拍马屁。当然，判断一个人是否有价值，需要眼光和运气。只要你洞悉了这一原则，就能够通过适当的办法，来提升自己被利用的价值，增加那些贵人与你交往的概率，缩短公关交际的环节，真正提升自己六度人脉拓展的效率。

有一个建筑老板，他为了让自己承包的工程进度加快一些，决定从底层提拔一个工人做管事的工头，替他出力进行管理。为了找到合适的人选，老板亲自到建筑工地进行探访。

到了工地，他问第一位工人：“请问你在做什么？”工人头也没抬，没好气地回答：“做什么？你看不到吗？我正在用这个重得要命的铁锤敲碎这些该死的石头。这些石头真硬，害得我的手又酸又麻，这真不是人干的活儿。”

老板又找到第二位工人，问他同样的问题：“请问你在做什么？”第二位工人无奈地答道：“都是为了挣钱，我才干这样的活儿，要不是为了一家的温饱，谁愿意干这敲石头的粗活？”

老板又去问第三位工人：“请问你在做什么？”第三位工人抬起头，眼睛里闪烁着喜悦的光芒说：“我正在兴建这座雄伟华丽的大教堂。教堂落成之后，将成为这座城市最大的教堂，可以容纳成千上万的人来做礼拜。虽然敲石头的工作累了点儿，但是我一想到将来会有无数的人来到这儿接受上帝的爱，心里便为这份工作感到由衷的自豪。”

结果当然不用说，老板决定让第三位工人成为管事的工头。

对这个案例进行分析我们就会发现，作为打工者，这三位工人都在被利用，他们体现出的工作价值，也就是静态的价值是相同的。但因为工作态度的反差，前两位因为自己的消极态度而失去了根本价值。第三个人却由于充满感恩，愿意并且身体力行地积极思考提升工作能力，最后得到了老板的晋升。

现实中的人们，总是喜欢去利用别人，却不喜欢被利用。这成为了无法突显自己价值的原因之一。一个事实是，如果你不会正确地对待“被利用”，只是一味地抱怨，那你不但会失去拓展人脉的机会，而且会觉得生活一点儿乐趣都没有。只有那些能够正视自己的价值应该被利用的人，他们才能紧紧抓住机会，提供价值让人利用，然后自己从中受益。

在工作中，即便我取得了很大的成绩，我仍然会经常问自己：“你是值得被别人利用的吗？你有多大的利用价值？你的利用价值是不是独一无二的，你是不是比别人的被利用程度大许多呢？”

我见过很多人，他们对自己的工作感到心灰意冷，而且有许多理由。比如，他们为公司效力了多年，甚至还是公司的元老级人物，但最后换来的却是老板一纸冷冰冰的解雇通知。甚至还有人觉得，自己付出了这么多，结果却是老板不重视，同事背后搞鬼，永远在底层拼命，却得不到任何机会。

他们还说：“我认为自己很出色，做得也够好，可是我的人缘为什么这么差？”他们觉得人们冷落了自己，责任不在于他，而在于那些对自己视而不见的人。

这又能怪谁呢？对于工作的他们来说，这当然不能怪罪老板。因为你身为公司的员工，理应被公司和老板利用，当你没有了利用价值，不能再为公司创造利润时，老板就会毫不犹豫地解雇你，因为你已经没有了“被利用”的价值。

价值是你获得他人认可的主要原因，除此之外没有任何理由。当有人冷落你时，千万不要一味地抱怨对方多么残酷和不讲人情，也不要再期待有人会主动过来抬举你。你要做的，是冷静下来想一想，如何可以让自己永远具有被利用的价值，这胜过咒骂别人的无情，胜过抱怨世态炎凉和人心不古。

最好的解决或避免出现这种局面的方法，就是不断地创造自己被利用的价值。我们在每天埋头努力工作的同时，不要忘了随时睁大眼睛，观察别人有没有值得自己学习的地方，自己还有没有可以提高的技能。如果你发现自己还有很多欠缺，就应该尽力去挖掘潜能，让自己在某些方面变得无可替代。

小吴现在正读大学三年级，显得很不合群，平常既不跟舍友一起去KTV，也不会跟她们一起去疯狂地逛街。她是如此不起眼以至于上大学都三年了，认识她的人还寥寥无几。上课时间她会准时出现在教室，不上课她就定时地出现在学校的图书馆、自习室、食堂、宿舍楼、传达室等地方打扫卫生。她并不是在勤工俭学，只是在义务地帮忙。

在图书馆，她默默地将那些被弄乱的书籍放回原位；她总会在做完实验后刷干净同学们使用的仪器才离开；她会主动帮传达室大爷分信件跑腿儿。别人不解，问她为了什么，小吴总是笑笑说："举手之劳，方便别人，我也没吃亏啊。"

每次帮完别人，小吴总是觉得很满足。这样，她就给学生会主席留下了深刻的印象，学生会主席对她的评价非常高。但是小吴却谦虚地说："我只是发自内心地想帮助这些有困难的人，很多事情我也经历过，所以只希望尽自己一份微薄之力，为他人排解一些难题，这太平常了。"

当你找准自己的价值所在时，你就会慢慢地赢得认可，这是非常重要的一点。能被利用，对我们来说是一种荣幸，这说明你在别人眼中是一个可交的人，说明你具备了交际的优势，拥有了一个开拓人际关系的良好基础。你千万不要因为自己被利用了就表现得十分愤慨。要知道，如果真有那么一天，你被人不闻不问了，那你可就真的失去自身价值了。到那时，你会发现自己的人际关系变得一团糟，不要说去开拓六度的人脉，就连自己最亲密的好朋友，也可能保不住了。

在某公司，小卢因为资历浅，也没什么工作经历，所以大家一直都把她当一个刚毕业的大学生看，什么杂事都让她去做。小卢并没有因此而觉得有任何委屈，反而很乐意接受。

一次，主任让小卢把一大摞资料送到一个分公司经理那里，一个跟她关系比较好的同事看见后就对她说："你别去，待会儿我找个人代你去，分公司那么远，而且你一个人还得带着这么多资料。"小卢听后，只是笑笑说："算了，还是我去吧。"她觉得既然主任让她去送，肯定是对她的认可，是信任她。

由于小卢总是勤勤恳恳地去办好每一件事，而且办事从不拖延推脱，所以她赢得了老总的认可。不久，在一次公司的例行大会上，老总表扬了她，还给小卢升了职。

你看，乐观地看待自己的价值，获得的结果就是乐观的。这不但体现在工作上，在人际交往中，也同样如此。这需要你转变思维，你之所以让人刮目相看，说明你在这方面有着非常好的能力，能够帮助别人解决一些事情。只有这样，别人才需要你，也才乐意去帮助你。

★提升价值应从自身修炼开始

如果一个人没有真才实学，什么都做不了，他走到哪儿都会被人看不起。所以，提升价值首先应该努力学习，增加工作技能和办事能力。如果你在工作中时常出现一问三不知的情况，对方铁定不会再对你抱太大希望。如果你没有办法帮人解决事情，朋友过来求你时，你总是以一句“我没办法”回应，时间久了，朋友也会对你很冷淡。因此，我们要想不断扩大自己的发展空间，首先需要做的就是去拓展自己的知识和技能。能胜任工作，能替别人解决麻烦，你的价值基础就有了。

★懂得合作的重要性，勇于向他人学习，提升自己的团队价值

“一个聪明的人能低头拜一切人做老师。”这是哲学家爱默生的一句话。懂得向别人学习，并且愿意去与他人协作解决问题，你就拥有了非常重要的团队价值。现在我们对于人脉的需求，有时不仅仅是这个人身上的一些优良品质和处事能力，更重要的是，他是否愿意跟你合作，是否能够团结众人，共同付出。一个人如果喜欢独来独往，他即便再有能力，人缘也不会太好。因为不懂合作的人，性格往往高傲，让人望而

生畏，别人自然就不太想和他建立密切的关系。

◎“你能帮我什么”和“我能提供什么”

人脉的拓展跟钓鱼有些类似，有一句名言说：“要想钓到鱼，我们就要像鱼那样思考。”你只有通彻对方的心理，了解对方的需求，知道对方的目的、欲望和弱项，然后投其所好，提供你有的东西，才能赢得对方的好感。你和他能够互利互惠，牢固的关系也就建立了，这就是人脉动态经营的实质。

★要把人脉对象当做上帝一样对待。

上帝是什么？不是高高在上神秘的圣母之子，而是我们的“顾客”。这是我在长江实业集团做销售时养成的习惯，在我看来，每个人（包括陌生人）都是我的上帝。我每认识或想认识一个人，都会将他的家庭状况、教育背景、兴趣爱好、性格特点、生活习惯、职业理想等等各方面的细节了解得一清二楚，然后自备一个档案簿，将必要的信息和数据记录其中。有时候，我了解他们甚至远远超过了解我自己。这种专注的投入度，给我带来了无穷的好处。

★了解对方目前所从事的工作或者他日常生活中有什么东西是最急需的。

我们需要尽量地选择那种自己力所能及、能实际帮上忙的事情记录下来，明确地知道自己可以为对方提供什么，并且，我们要让他知道自己拥有这种能力，也真诚地有着这种愿望。在这个基础上，再让对方感觉到你对他的尊重和重视，这样，对方自然而然地就会愿意与你接触，建立关系。当你提供的东西让他受益时，他也会关注你的需求，即：“我能帮你什么？”他会主动将这个信息传递给你。

人脉往往是互动经营的，需要与被需要是一种双向互动的关系，人与人的合作都必须是一个愉快的互惠的过程，只有独赢的人脉交往不会长久。你只想让对方为你提供什么，自己一点儿不想付出，这个世界上哪有这样的好事呢？不管什么关系，在你与对方结交的时候，都要首先考虑到是否符合互惠的原则，看自己是否“能为对方所用”，以及对方是否能给你提供什么。而且，千万不要把这一点理解成世俗的“互相利用”。每个人都追求利己，但我们在帮助别人的同时，也能够使自己的心理得到满足，对方所给予自己的帮助，只不过是自己的利他行为换取来的等值回报。

也就是说，你要始终遵循一条原则：“我并不是想向对方索取什么，而是从自己的利他行为中得到欣慰。”

曾经有一个禅师，他在漆黑的夜里行进，因为傍晚刚下过霜，路很滑，行人之间难免有些磕磕碰碰，他在拥挤中看见有人提着灯笼远远地走过来。身边有人议论道："这个瞎子不光瞎，脑子也有问题，明明自己什么都看不见，却每天晚上出来都打着个灯笼！"

禅师感到非常好奇，于是当盲人走到他身边的时候，他便忍不住上前问道："你果真是盲人吗？"

盲人说："是的，我出生时便双目失明，对我来说，白天黑夜毫无区别，甚至连灯光的样子，我都不知道！"

盲人的一番话让禅师更加迷惑，他问道："既然你看不到灯光，那为什么你还要打着灯笼呢？"

盲人说："因为在和别人的谈话中我了解到，每到晚上，哪怕视力正常的人，也会因为没有灯光而变成盲人。所以，我每次晚上出来的时候，都要提一个灯笼，在身前照出一片光明。"

禅师恍然大悟："原来，你做这些都是为了方便别人。"

盲人却说："不，是为自己！"

禅师再度陷入迷茫，问："为什么呢？"

盲人反问道："你刚才走过来有没有与人发生碰撞？"

禅师苦笑："就在遇到你之前，我就被三个人碰到，溅了一身泥。"

盲人哈哈大笑："可是我这一路走来却没被人碰到过，我的灯笼既给别人照亮了道路，也让别人透过灯光看到了我，这样他们肯定不会因为没有看到我，而误撞到我了。"

从这个故事我们体会到了什么？我们提供的价值不但可以照亮他人，同样能够照亮自己。我们得到的帮助表面上看是来源于对方，实质上是因为自己。当你能够惠人时，也一定会自惠。在人脉场上，这是一条全世界通用的普世法则。惠人就是助己，利他才能惠己！

★人脉的基础是利益交换

人际交往的实质是什么？我可以毫不犹豫地告诉你其实就是一种利益交换，所有的SNS（社会性网络服务）社交网站的目标都是在帮助你结识“对自己有用的人，互换利益”。你不要以为这个道理太过现实功利。如果不相信，你可以将自己的朋友资源拿出来详细分析，看看有多少人是在谋取共同利益的前提下才走到一起成为朋友的。你们之间的利益越是相似，交集越多，你们的关系也就越深厚。请相信，事实一定是这样的。共同的利益基础是好友和知己得以产生的前提，虽然人与人之间有着各种各样的矛盾，但是只要有共同的利益，双方就能凝聚到一起，成为各自人脉网中一个环节。

赵先生是一位知名的学者，有一次，一名新人作家打电话给他，请他帮忙给自己的新书写篇序，但赵推辞说很忙，没有时间，该作家就擅作主张寄来一篇写好的书序，表示只要赵先生在上面挂名即可。虽然在赵看来，那篇序写得很糟，但是赵乐于助人的天性促使他勉为其难地答应挂名。没想到在一个礼拜之后，这位作家又打电话给他，措辞强硬地说："既然您已经挂名推荐，那么我希望您可以利用自己在出版界的路子来行销这本书。"结果可想而知，赵先生觉得受到了轻视，断然拒绝这位作家的要求。而且此后，该作家再没有得到过赵先生的任何帮助。

作为写作界的新人，这位年轻作家的行事风格过于自我，他只想着自己的书可以凭借前辈的名气大销，想着利用别人来谋取利益，结果只能招致人们的反感了。

我们要吸取的教训就是，必须先了解他人的需求和内心的真实感受，尊重对方的利益，才能与之产生良性的互动，达到自己的目的，成为一个有人缘和受人青睐的人。我们既办成了自己的事，也能够使别人的心情愉悦，获得对方的好感。

★懂得付出，才会有人帮

当你有一个高标准的人脉追求时，你将发现，但凡那些够资格成为你的贵人的人，一般都具有一定的经济实力和社会地位。他们当然具有很高的素养，对你的需求一定有能力满足。但另外，他们还有一个共同点，就是求他们办事、想跟他们结交的人会非常多，所以你要打动他们，让他们对你产生兴趣，并且愿意把目光停留在你身上，聆听你的需求，做你一时的帮手，这并不是一件容易的事。

在结交人脉方面，我们要有一个良好的出发点。得到帮助是你想要的结果，但首先做到的必须是勇于付出。现在你应该问问自己，我是抱着什么样的目的邀贵人前来相助呢？我是想让他成为我的好帮手，还是想利用他的实力或关系达到自己的利益目的？

如果你只盯着后者，就犯了一个基础性的错误。因为谁都不欠你的，不是谁天生就该为你做些什么。任何一个人都没有理由对自己的贵人抱有“我不必付出就能从他身上得到什么”的期望。“给永远比拿更受人欢迎。”只有先给予，将有能力的人吸引过来，让他觉得你是一个愿意合作共赢的人，他帮你才会理所当然。别人的帮助，不是强求得来的，而是出自于受到了你的惠益然后给你的回报。

★互相给予，双赢的人际关系最稳定

今天，我们处在一个合作型的社会，随处可以见到各取所需的合作模式。互利和双赢是人脉聚集的主要原因，这是你须始终牢记的六度公关准则，也是人际关系积累的最终目标。尤其当你刚开始创业的时候，借助别人的力量显得非常重要。同时，为自己寻找一个好的合作伙伴，达成一个双赢的模式，才能够激发出双方的无限能量，从这种关系中各取所需。

丹尼是一位刚刚涉足影坛的青年演员，他有着英俊潇洒的外

表，再加上天赋和演技集于一身，才在屏幕上崭露头角。从职业发展的角度来看，目前的他迫切需要一个公关公司来为他作宣传，策划在各类报刊上刊登他的照片及关于他的专访文章，以增加他的知名度。不过要想得到这样一个公司的全力推荐，最好的办法是建立这样的公司，但前提是丹尼得投入很大一笔资金。问题就在于丹尼自己没有那么多的钱。

一次偶然的机会，他在聚会上结识了碧昂。碧昂曾经就职于纽约一家最大的公关公司，有着多年的行业经验，不仅熟知业务，而且也有着很好的人际关系网。就在几个月前，她筹资开办了一家属于自己的公关公司，并希望能够逐渐涉足有利可图的公共娱乐领域。但是让她烦恼的是，一直到目前为止，那些比较出名的演员、歌手都觉得她的庙太小，不愿与她合作。于是，她的公司现在还只是靠一些小买卖和零售商店维持着。

丹尼与她一拍即合，签约成为了她公司的艺人，而碧昂则为丹尼提供出席活动所需要的经费。他们的合作达到了互惠互赢的最佳境界。丹尼在时下最热播的电视剧中频繁出现，没过多久，一些较有影响的报纸和杂志就把眼睛盯在了他身上，同时，碧昂的公司也声名鹊起，一些有名望的人甚至主动找到她，希望她能为其提供社交娱乐服务，并愿意支付很高的报酬。

在合作中，碧昂和丹尼都满足了各自的需要，实现了共赢，从而使双方的事业都得以进步，取得了成功。如果你想获得一些有价值的人脉，交到有能力的朋友，也必须在你们之间找到一种互惠和互利的关系。大家都能收获好处，这是巩固人脉的根本。如果去除这个前提，人与人之间的关系就成了无本之木，很难持久。

最后，在我们得到对方的帮助时，你应适时地表达自己的感谢。别人给了你方便，可能他自己很快就忘了，但受到帮助的人却一定要记得。如果你懂得感谢，知恩图报，别人对你的好感将只增不减，这会让你的人际关系更加稳固。

如此一来，下次他再帮助你时，就愿意付出更多，也让你受益更多。这对于人脉需求比较大的人来说，花些心思去回报那些帮助过自己的人，格外重要。

◎强者看重你做事的能力

“能力”的概念没有统一的标准，但一般来说，它代表了能够做好事情的一种可能性。比如当我们评价一个人：“他在产品的推销方面表现得很差。”就是说他不具备一线的推销能力，做不好这个工作。能力越强的人，他将事情做好的可能性就越大，反之，对于事情的胜任能力就较差。

人们当然喜欢结交有能力的人，强者也不例外。优秀的成功人士寻找人脉的第一个要求，就是对方“必须和我一样是强者”，至少他应该是“潜在的强者”。小到人们交友，大到公司的用人，都对能者青睐有加。因为笼络能者，可以增强自身的实力，增加自己的资源，提升自己的竞争优势，继而为自己赢得更多的利益。在关系场上我们同样会看到，每一个重视人脉的人，他都会谈到能力。在看人识人的时候，他们也会首先关注能力，而不是其他的次要价值。

概括地说，我们可以将一个人的做事能力大体分为三个高低不同的层次：

①知识能力

②业务能力

③做事能力

知识能力是我们从事某种工作或业务的基础，比如相关专业知识的储备，我们在学校和培训课程中学到的，它被普遍关注，也跟我们具体要做的事情息息相关；业务能力是指我们在实际中的工作能力，面对一件具体的事情，你是否能胜任，比如一名销售经理能否按计划达成他的季度销售目标；第三种讲到的做事能力，则是对于前两种能力的综合提升，是我们最需要提升的一种高端的做事的素质，它更是一种通过“做人”去影响“做事”效果的综合自我价值的体现。即，你如何处理自己在工作和人际关系体系中遇到的所有事情，包括从容应付各种复杂的情况和展现自己的价值。如果你的做事能力不能发挥出来，通常会有两方面的因素：第一个是客观因素，第二个是自身的原因。

客观因素。虽然自己很努力，但做事的环境一团糟，没有办法让你发挥正常实力，将事情做好。比如缺乏团队合作，同事都随着自己的意愿想怎么做就怎么做；有人跟你打对台，你想这样做，别人偏反其道而行之。再比如有人背后捅刀子，不跟你好好合作，你要的东西别人偏不给你，你交代的工作对方看都不看一眼。或者做事没有资源，要什么没什么，领导不支持你，奖励也不给力。他看你不顺眼，你感兴趣的事，他偏不让你插手；你擅长的事，他偏不让你去负责，等等。客观原因总是会有很多。

自身的原因。还有很多的时候，原因出在我们自己的身上，并不是同事和上司不配合，而是我们自己的能力有问题，能力达不到工作要求，判断力出现失误，口才表达有问题，资金不足，等等。自身能力不足导致的做事失败，有时往往占到大多数。这时，就不能从别人那儿找原因了，因为导致错误发生的是自己，必须反省自身和提升自己的能力。

因此，我们的结论就出来了，在你做事的能力足够强大之前，千万不可盲目崇拜那些“无所不能的贵人”。因为如果你缺乏价值，就算他帮助你只是举手之劳，恐怕也不会对你多看一眼。这恰恰是现在超过99%的人都会犯的错误。

有个来自费城的年轻人曾经问过我一个问题：“李老师，六度人脉是否就是要求我，尽可能缩短我与那些强者之间的距离？”我就问他：“你觉得这些强者对你的重要性在哪里？”他简单地表述了一下认识大人物和自己的成功之间的关系，他认为这是成功过程之中必不可少的一个重要因素，因为强者能够帮助自己快速成功。

在和我讨论的过程中，他直接坦率地表达了自己对于贵人的渴求。这是当前大多数年轻人的普遍愿望。确实，和强者站到一个阵营，让他成为自己的翅膀，对于一个人的成功能起到至关重要的作用。甚至在华尔街有人直接说出了“贵人即我前途”的宣言。他们非常重视结交那些大的投资商，比如天使投资人。即使他们的发展方向不明确，没什么本事，但无一例外，他们都梦想有一个大人物突然现身，毫无条件地把他带入强者的行列，获得巨大的成功。

但是他们都忘了最关键的一条：强者要看你是否有价值，是否值得他出手相助！

在对超过上万人的经历调查中，有一个案例让我印象特别深刻：

一位已经毕业四年却仍然没有找到自己职业目标的女孩，她的工作很不稳定，收入微薄，因此极度渴望找到自己的目标，不想再这样浑浑噩噩地过下去。为了改变自己，她决定筹一笔钱去学习充电，到美国读大学。由于之前没有存款，她就向身边的朋友借。但令她没有想到的是：那些在大学里关系很好、毕业后也经常聚会联络的朋友，一听说她要借钱学习，没有一个人肯借给她，都躲得远远的。不是说没钱，就是说自己也有用处，没办法帮助她。

为什么会这样呢？为什么在她最需要帮助的时候，她的朋友都抛弃了她呢？

因为她在过去几年的时间中，没有证明自己的实力。她的朋友考虑的问题是：我把这笔钱借给了她，她能还得上吗？如果还不上怎么办？于是，朋友对过高的风险望而却步，无人愿意在她身上下这么大的赌注。

这个世界的事实是，一个乞丐不太可能结交到为数众多的企业家朋友，以助他飞黄腾达；同理，一位成功的商业人士，他也不太可能乐意去结交一个流落街头的乞丐，除非这个乞丐真能拿出过硬的本领——比如他曾经辉煌过，现在不过是虎落平阳，暂时不如意，只要有人扶他一把，他就能东山再起。但是，这种概率出现的可能性实在太小了，大多数的乞丐只是乞丐而已，不会是人们眼中的“打工皇帝”。

所以，我们建立高效人脉、获取强者尊重的前提，是你自身拥有多少可以被对方利用的价值。这要求我们需要不断地提升自我，不但要制定一个明确的发展方向，还要围绕此方向增强自己的综合素质，构建核心竞争力，从而成为一个在强者眼中富有价值的人，强者才会找上门来。如果你不学无术，还把成功的希望寄托在别人身上，结果是显而易见的，你只能被强者无情地抛弃。

概括来说，我们必须学会做事，在关注能力的建立和改善的同时，也要关注能力的施展和发挥，让那些强者能够第一时间看到。其实，后者是我们打动强者、积累“贵人”人脉非常重要的组成部分。

◎为自己的沟通能力插上翅膀

我们如何在复杂多变的人脉场上做到“主动出击”，成为众人羡慕的“万人迷”和“必胜客”？这需要你拥有强大的沟通能力，并在沟通的过程中展示出自己全面的素质，以获取对方充足的信任。

★最有力的翅膀是微笑

我们都知道的一个事实是，微笑暗含着对于他人的好感和尊重。在沟通之时，如果你能主动地对他人报以微笑，表达的是一种友好和友善的态度，这就像照一面镜子，你微笑，镜中人也会报以微笑，得到的也一定是他人的善意。所以才会有人把微笑形象地比喻为打开人际交往大门的通行证。这就是微笑的巨大魅力，一个不愿笑和不会笑的人，可想而知和他的沟通会有多么沉闷和无趣。

★一定要正视对方的眼睛

我们要想看到对方的内心和展示自己的真诚，就要敢于正视对方并直视对方的眼睛，这在沟通中有极为重要的意义。因为这个动作传达了你的诚意和最起码的尊重。你还能通过这个动作，第一时间体会对方的态度，判断他是否隐藏了什么，这有助于提升我们沟通的效率。不过要注意的是，正视对方的眼睛，并非让你死盯住不放。注视也有分寸，如果你总是在试图捕捉别人的目光并且长时间地凝视对方，在对方看来，这就不再是诚意，而有可能是一种挑衅和侵犯了。这会让他感到很不舒服，招致他的反感，你就弄巧成拙，得不偿失了。

★求助对方帮你提升沟通层次

有一个例子可以佐证这种方法的正面意义：美国前总统富兰克林与宾夕法尼亚州立法部门某议员，曾经发生政治对抗，但富兰克林希望双方的关系能够不再这样紧张，于是便向对方借阅一本十分珍贵的书。该议员也适时地作出回应，答应了总统的要求，将书借给富兰克林，双方的关系，立马缓和起来，并以此为起点，建立了友谊，最终两人结为至交。这表明每个人都有“被需要和被请求”的欲望，这建立在人们想帮助对方的意愿和强势心理上。当你感觉沟通有些许障碍时，就不妨采用此方法，可以有意识地向对方求助，从而主动地传达善意，拉近双方的距离，消弭对抗的情绪。

★任何时候都不能失去信心

有一项心理学研究表明，很多人不愿意主动与他人交往主要是因为对自己缺乏信心。他们相当害怕自己的主动会遭到对方的无情拒绝，从而让自己大丢面子或陷入尴尬。但事实是，每个人都或多或少有这种心理。当你害怕对方会拒绝你时，也许他也在这么想。有时人与人之间的距离，就是这么被制造出来的。所以只要满怀信心地去进行沟通，一定能够得到对方的回应。这是一件足以让你百战百胜的实践六度分割理论的法宝。

★沟通时喊出对方的名字

你要知道的是，人们通常只对跟自己有关的话题感兴趣。关心自己，这是人的本性之一，任何人都无法避免。所以卡耐基才说："一个人的名字，是他耳朵里所能听到最悦耳最美妙的声音。"当你在说话中以最合适的节奏喊出对方的名字，并与一些正面的事实相联系时，他心中的愉悦就可想而知了。和你之间的心理距离，也会不断地缩短。

★要有表现的欲望

在沟通中，你不但要节制自己，还要有强烈的表现欲。两者之间并不矛盾，而且事实证明，你的表现欲愈是强烈，获得沟通成功的可能性就愈大。因为说到底，对方还是想听到你这个人到底想要什么。最终，他们会关心你的才能和目标，而不是你的表达技巧。在表现自己时，我们要非常善谈，充满活力，用热忱去感染对方，用自己的才华去让对方倾倒。懂得如何表现自己，是成功的关键之一。如果你只是善于谈论对方，就算再有杰出的才干，恐怕也不会顺利地实现沟通的目的。

★沟通时做到“总能有话说”

我曾经见过一个有趣的统计：一位企业负责人，他从早上醒来一直到晚上入睡，在这段时间里他平均要说3800句话，涉及生意交易、员工管理、商务社交、说服合伙人同舟共济等等一系列问题。他有的是话说，从来不会无话可说，正因为这种善谈的素质，才帮助他成为一名优秀的企业负责人。

如果你在与人的沟通中，常常感觉无话可谈，与对方坐在一起，总是感觉非常尴尬，无所适从，那么，你的麻烦就来了。因为现在沟通是一件十分辛苦的事情，许多人可能费尽了口舌，却只能做得一件两件的生意。说上几百句话，也不一定能得到对方一句善意的回应，何况你这样紧闭嘴巴无话可说的人呢？结果是可想而知的。

很多人觉得自己无话可说，其实并非没有可谈的内容，而是他们不懂得主动寻找话题，内心有话，嘴上却说不出来。这就需要他们密切关注双方的共同点，找到切入点，然后才能打开话匣子，建立顺畅的沟通。

★避免发生激烈的争论

如果争论有可能非常激烈，请尽量避免它。因为过分激烈的辩论往往只会产生隔阂，对问题的解决有害无益。不要觉得争论不会影响你们的友情，表面看是如此，但背地里，你们一定会互相生对方的气，为你们的关系埋下隐患。在沟通中，针锋相对从来都不是明智之举。

★沟通时请一定尊重别人的意见

如果对方的话里有明显的错误，请一定不要直言指明。就算是非常亲密的关系，也不要严厉地指出对方的错误。就算你是出于好心，也要注意沟通和说话的方式。记住，尊重别人就是尊重自己，给对方留面子，其实就是在给自己攒面子。

★如果是你错了，应该坦然认错

如果发现是你错了，请不要犹豫，一定要迅速和郑重地向对方承认错误。勇于承担责任是一项高贵的品质，这只会让他更欣赏你，对你的名声不会有任何伤害。最可耻的是明知错在自己却拒不认错，不敢承担风险。这只会让你在对方的眼中成为一个不可靠和不可信的人，距离会越拉越远，最终没有人愿意跟你沟通，也无人愿意成为你的朋友。

★使对方能够很快地回答“是！”

对方越是很快说“是！”，就越表明他很快地认同了你的观点。你才能由此迅速地占领人心，掌握沟通的主动，并让对方建立对你全面认同的心理。

★倾听是金，适当降低姿态

在该沉默时，我们一定要立刻沉默，不要多嘴，也不要打断对方的话。我们应该在沟通中适当地多给对方说话的机会，尤其当他有很强烈的兴趣去表现他的才华和本事时。只有这样，满足了虚荣心的对方，才更愿意同你深交。

★让对方以为这正是他的想法

在和人们交流观点时，我们都想说服对方，但你要记住，永远不要试图将自己的想法和观念强行地灌输给对方，即使你的观点是最正确的。我们要树立一个原则，将自己的观点进行包装传递对他，并让他认为，这正是他自己的想法，从而产生共鸣。

★学会肯定对方的观点

这要求我们在沟通中，多对对方说“Yes”，而不是说“No”。不要轻易地去否定对方，当你对他的观点表示肯定时，对方也一定会对你充满感激之情。即使他的想法是错的，也不要紧。我们可以先表达自己的肯定和赞赏，再从另外的角度提出自己的一些想法作为补充。实质上，对方如果不是太傻，一定能够听出你的真正用意，但他更会因此欣赏你的人品和才能。

★在沟通中激发对方更加高尚的动机

要想改变一个人的意志，你就要激发他高尚的动机。就像美国著名的银行家摩根说的："人会做一件事，都有两种理由存在——一种是好听的，一种是真实的。"人们当然知道自己的内心哪一个理由是真的，但却喜欢听到良好的动机，作为对自己的激励。每个人对自己的认识，都希望是好的、不自私的。所以，在说服对方的时候，我们要让他觉得："我是在做一件高尚的事。"

★在沟通中提出一个挑战以供解决

有家公司的创办人曾经这样对我说："想让对方真正地对我感兴趣，我常在沟通时提出一个共同的挑战，然后带动对方和我一起去解决。"

这是一个无比美妙的办法，因为任何一个成功者都喜欢挑战，寻找一切机会展示自己的才能，向别人证明自己的价值和能力。这是人性的弱点，也是我们可以利用的地方。比如，你可以在沟通中向对方提出一些重大的难题，谦虚真诚地请他和你一起商量，然后在讨论的过程中，拉近双方的距离，建立友谊，或者开启合作，这是很有效的办法。

◎拉近距离，你需要提升亲和力

六度人脉的根本目的，是让我们不断地拉近跟别人的距离，再利用一个个结点，去促使更多的人成为自己的人脉资源，并在不断积累人脉资源的基础上，构建出丰厚的人脉资源网络。在拉近距离这方面，只有足够的可利用价值是不够的，我们还需要体现出与众不同的个人魅力。

现实生活中，很多具有同样素质水平的人，他们在与人交往时却往往会得到不一样的结果。有的人在与别人交往时轻松自然，大家也就愿意和他交朋友；而有的人则完全相反，他们死板僵硬，能交到的朋友自然也就少得可怜。导致这两种不同结果的原因，就是一种在人际相处中表现出来的亲和力。

一个缺少亲和力的人，说话刚硬，话里带刺，咄咄逼人，别人对他就会望而却步，不想靠近他；而一个具有亲和力的人，说话幽默风趣，处事平易近人，就能吸引到人们的注意力，使得人们乐于接近和接纳他。因此，我们要想在六度公关中取胜，构建自己丰厚的人脉资源网络，亲和力是必须努力去提高的一种素质。

海伦是从英国伦敦来的一个颇具经商头脑的人。她的衣着打扮，都散发着独特品位和魅力。因为想放慢生活节奏，得到更多的归属感，她选择搬到位于东南部的一个小城镇生活。

尽管她很喜欢这个小镇和镇上的居民，但是她却明显地感觉到自己并不受大家的欢迎。最终，她经常去拜访的一位朋友向她指出，她的穿着打扮和交谈方式让当地人觉得她是在装腔作势，自以为高人一等。

听了朋友的话，海伦如梦初醒。从那以后，海伦改变了自己的穿着和说话方式。像当地人那样穿得随意，并积极与人谈论当地的事情，积极参加一些社交活动，试着让自己看起来更加容易接近。久而久之，她变得非常受欢迎。

现实生活中，应该没有人乐意去做一个根本不受人欢迎的人。我们知道，有的人可能会说不知道自己该如何改变。方法其实很简单，只要你放下架子，不再满足于内心的虚荣，不去摆谱，在朋友面前不耍小聪明，大家都会乐意跟你在一起。这是一项很重要的素质，虽然人们难以全都做到，但只要下定了决心，改变并不困难。

哈佛商学院的两位管理学家曾经就此做过一项调查，他们分析了多种职场中的人际关系，最后得出了一个结论：“大多数人宁愿与讨人喜欢的傻瓜一起工作，也不想和有本事的讨厌鬼共事。”

为什么会出现这种情况？因为本事大的人很多，讨人喜欢的人却极少。能力是一项普遍素质，讨人喜欢却是一项人际交往中的稀缺品质。所以我们在生活中经常看到，一个让人喜欢的领导，往往更容易受到别人的尊敬和员工的爱戴。领导者建立威望的根本原因，有时并不来源于他的能力，而是他让人喜欢的分数有多高，后者直接决定了他能够拥有多强的领袖气质。

> 1964年，68岁高龄的土光敏夫就任东芝董事长，与其他管理者不同的是，他经常独自一人去东芝散布在日本各地的30多家企业走访。而且更难能可贵的是，他常常提着一瓶一升的日本清酒去慰劳员工，与他们共饮，这让员工受宠若惊。没有人会想到身为大公司的董事长，他会亲自提着笨重的清酒来跟他们共饮，谈论工作和生活琐事。因此，员工亲切地称赞他为“提着酒瓶子”的大老板。

从土光敏夫的故事，我们就能验证一点：在有效地缩短人与人之间的心理距离方面，亲和力作用显著，很容易让陌生人变为朋友。这是一种什么时候都不容忽视的交际能力。当我们的能力因为种种原因，短时间无法得到提升时，它可以雪中送炭，帮助我们获得更多的人际资源，并为自己赢得更多的机遇。

当然，从现实角度来讲，不是每个人都生来具备一种很强的亲和力。有些人可能具备天生的风趣细胞，有些人则显得木讷。不过，亲和力不同于爱因斯坦式的无法复制的天赋，它完全可以在后天进行培养。

1. 和别人进行心与心的交流。

这里讲到了真诚的重要，一个不以真心待人的人，他当然不可能赢得别人的真心相待。真诚是亲和力的基础，如果没有心的真诚，你就是掌握再多再好的交往技巧，在别人的眼中，你也无法成为一个和善的人。因为你的脸上写着“虚假”，就算笑得再开心，也是伪装出来的，无法打动对方。

2. 在人际交往中体现主动性。

主动接触别人是我对于六度人脉非常看重的要求，亲和力通常不会在被动的交往中存在——这时你只会表现出一种自闭和羞涩的气场。我们在与人的交往中，只有主动地去接触别人，才能大大地缩短彼此之间的心理距离。只有心的距离近了，才容易彼此肯定和接纳。也就是说，平时我们待人要热情主动，这样才有助于亲和力的培养和形成，让你成为一个受人喜欢的人。

3. 心态平和，才能包容万物。

现在，有一个共识是，太多的人在人脉公关中表现得心态不怎么平和。他们经常有受挫感，不平感，觉得自己付出很多，但得到的太少，从而心态失衡，言行失控。一个有着包容胸怀的人，才能让人感到亲切。宽容不可或缺，如果你总是争强好胜，过分地计较个人得失，不仅让人难以接受，而且也会影响到你与他人的合作关系，更不会得到别人的认同。所以，养成平和的心态，让自己大度一些，更有利于你的亲和力的塑造。相信我，当你变得不再自私和好胜时，你的朋友数量会迅速地增加。

4. 不管你多强，都不能目中无人。

目中无人不是恃才傲物，就是孤芳自赏。这类人，他们盲目地自视甚高，觉得“我实在太优秀了，什么事都能做成，还有谁比我强呢？”从具体的表现来看，他们的自信过了头，不但自负，而且自大，瞧不起别人。他们往往只看到自己的长处，却看不到自身的一些不足；在对待别人时，又正好相反，他们的眼中只盯着别人的不足，却看不到他人的一丁点儿特长。因此在实际的人际交往中，这样的人就会恃才傲物，对别人说话一点儿都不客气，充满蔑视，不屑一顾，有时还会去讽刺和挖苦别人。

目中无人还有另一种表现，就是孤芳自赏。他们觉得自己很强，虽然不会竭力地表现出这种优越感，去伤害别人，但却陶醉于自己营造的小世界中，不可自拔。在和别人交谈时，他们只会标榜那些自己擅长的事，对于别人感兴趣或擅长的话题却从来不屑于谈及。

对于以上两种表现的人，人们只会避之唯恐不及，又怎么可能主动与之交往，拉近双方的距离呢？这对形成和体现亲和力极为有害，会让你一个人逐渐变得遇事孤立无援，就算取得了事业上的成功，也必将面临无人一同庆祝的尴尬场景。

Part 9 建设“六度人脉”黄金库

当你认识到自己的强项时，你就必须全心全意和认真地对待它们，因为这些专业技能是你在工作中的价值体现，是你安身立命的根本，同时还是打动别人的本钱。

◎想一想，我拿什么来吸引“朋友”？

当你在自己的内心拿起一面镜子，对着镜子冷静地进行自我审视，看看自己有哪些优点和缺点的时候，也许你会发现自己有如下特征：

①我有点儿自卑，对生活总是充满伤感；

②感觉人生没有目标，做什么都没有意思；

③大学本科毕业，学历还可以；

④对于现在的工作，我感觉没有学到什么，也没有完成什么，可是每天都很累；

⑤找不到一丁点自我认可的感觉，不知道自己还有什么用。

如果你能够清楚地发现自己的“阴暗面”，找到那些无法吸引到朋友关注的缺点，首先就说明了你本身是一个勇敢的人。因为我们在生活中遇到的多数人，他们很少会有这么大的魄力来审视自己的缺陷，并从中提炼优点。当然，一个敢于面对缺点的人，他也同样能够用这种方法来找到自己的优点并进行强化，从而建立人际交往的自信。

上世纪九十年代，国内有一位年轻人看到深圳一家公司在招聘一位推销员。这个年轻人刚刚高中毕业，所以急需一份工作来证明自己。由于应聘的企业是中国的明星企业，薪水待遇相对其他公司要高得多，所以当时吸引了很多人来应聘，其中还有一些是名牌大学的毕业生。在这些应聘者中，这位只有高中文凭的年轻人是比较不起眼的，但他仍然坚持着，前去应试。

然而，当轮到他进办公室面试的时候，办公室里的四位主考官正在收拾考生资料，一位主考官非常礼貌地告诉他：“我们已经找到了合适的人选，请你还是另寻出路吧。”

听到拒绝，也许你已经心灰意冷，马上就离开了，但是这名年轻人没有。他继续站在那里，希望考官能给他一次机会，他拿出自己在学校时获得的各种演讲比赛的获奖证书给考官看，他说因为自己学习不好所以没考上大学，但他也拥有很多的优点，至少，他口才出众，这不正是成为一位推销员的基本素质吗？后来，他终于说服主考官让他进公司实习，而且他不要工资。

凭借自己的坚持和在这个过程中展现出来的特长，他最终赢得了主考官的欣赏，顺利地成了该公司的实习生。在实习期间，他表现出极大的激情和上进心，不仅努力地学习相关业务知识，并对公司的潜在客户挨个儿进行寻访，说服他们与本公司合作。一个多月下来，他竟然创造了公司销售业绩的新纪录，被公司破格录取。而时至今日，他已经凭借自己孜孜不倦的激情成为了该公司驻美国公司的第一副总裁。

从这个故事中我们能学到什么道理呢？它给我们最大的启发就是：每个人都应该清楚地知道自己身上有什么闪光点，有什么可以深入发掘的优点，并且努力地去把它们开发出来。而且，在这个过程中，我们要清楚地知道哪些事是自己力所能及的，哪些事自己做不了。

在一次人脉公关课上，史密斯这样说："如果一个人想取得公关的成功，就应该把重点放在最大限度地发挥自己的优势上，用优势去吸引对方的关注，而不是浪费工夫去弥补那些弱点。"当然我们在寻找亮点的同时，也要尽可能地弥补缺点和回避弱项，因为对我们而言追求完美是一个不可抛弃的目标。

许多人都问我什么是成功，怎样才算成功地交到了朋友，成为人脉竞争中的大赢家？我每次都告诉他们，成功就是你的潜能被充分地调动起来，让别人看到，对你感兴趣，然后和你一起做事。

听起来这并不难，但知易行难。在既定的外部条件下，一个人是否能够成功，决定因素是他的判断能力——他对自己的判断，对于形势的研究，以及对自身潜能的发掘，都非常关键。那么我们的优势又是什么呢？优势就是一件事，你能够轻轻松松地把它做好，做得近乎完美，而且比别人做得好。

用六度人脉的专业术语来解释就是：你在做一件事时持续的、近乎完美的表现，让人们不得不需要你，你就拥有了打开交际之门的无限可能。

相对的，如果你身上的弱点太多，就会成为妨碍你出色发挥、赢得他人认可的重大因素。你必须想办法把它们改掉，否则你的人脉资源就会迅速流失，在开拓潜在关系时，也会遇到重重障碍。

因此，当我们建立自己的六度人脉黄金库时，要做的第一件事，就是去发挥优势，克服弱点。一个人要想成功，就要理解这一点的重要性。我能够给出的建议是：你要搞清楚自己具备哪方面的优势，然后根据具体的情况区别对待，将之强化，集中发挥。

最大的优势是为自己找到一个合适的职业，这会在各个方面激发你的才能并且使你迅速地进步并成就自己。也就是说，你要知道自己能做什么，然后把自己的特长发挥出来，进行强化，然后让别人看到，才能吸引别人的目光。不然的话，如果你没有自己拿手的工作，在他人的眼中可能就只能是一个平庸之辈了。

如果你置自己的优势于不顾，认为自己能为所有的人干所有的事，那你在工作中一定找不准自己的位置，在别人面前也就不可能真正地体现自己的价值。就像你是一名合格的会计师，却去做了一名人事主管一样。在这样的位置上，你就无法做好本职工作，处理不好人际关系，既不能让上司满意，也没办法征服下属。

当你认识到自己的强项时，你就必须全心全意和认真地对待它们，因为这些专业技能是你在工作中的价值体现，是你安身立命的根本，同时还是打动别人的本钱。你有独一无二的本领，才能被他人所需要。找到了你的最佳位置，祭出你的拿手好戏，就等于你的才华有了一个施展的舞台，英雄有了用武之地，人们才愿意接近你，和你建立关系。

每个人都有各自的优点和缺点，没有人能够面面俱到，你需要认真对待的就是尽快确定自己的长处。你要成为你自己，与其费尽心机地去改变自己的短处，还不如努力地把自己的特长发挥到极致，让自己在某些方面无可替代。

总之，你只有找准了自己的最佳位置，才能最大限度地发挥自己的潜力，调动自己身上一切可以调动的积极因素，并把自己的优势发挥得淋漓尽致，从而获得成功，成为在别人眼中一个拥有价值的人，打动对方，让他们乐意和你做朋友，成为你的人脉库中的一员。

在控制弱点方面，我提供以下五个方法，帮助你们尽快确立一个原则，提升自我修炼的效率。

①做每一件事情时，都尽可能做得更好一些；

②为自己设计一个支持系统；

③用你的超强优势来掩盖住你的弱点；

④寻找一个能和你进行优缺点互补的伙伴；

⑤当发现自己做不好时，应马上停止去做这件事。

只要你遵循这五个原则行事，就能在缺陷爆发之前，绕过危险区。而且，不管做什么事，与什么样的人交往，我们都能将优势放大到极致，最大限度引起对方的关注和认可。

在发挥优势方面，我送给你三个原则。

①我们要想让某件事成为自己的优势，就须始终如一，做事时善始善终；

②我们想要把某件事做好，自己的优势其实没必要非常全面，突出一项即可；

③我们成功的关键在于重点发挥某项优势，而不是克服缺点。

最后请记住，当你在人脉场上感到自卑时，请一定回头审视自己，然后自信地告诉自己：“我天生的优点很多，只要我找到了正确的途径，把它发挥出来，我就一定能赢。”即便你只是将其中一个小小的优势充分发挥出来了——比如你是一个善良的人，那么你已经能取得很大成就了。

◎迈出的第一步很重要

有一位来自旧金山的妇女讲述了她在人际关系中遇到的障碍。她以前在旧金山经营一家超市，但是不到两年就因为经营不善关门大吉。其后的生活中，她选择做一名全职家庭主妇，照顾丈夫和孩子。这样的生活，难免让她的人际圈渐渐地缩小，能够接触到的关系也会逐步减少。当然，对于一位以家庭幸福为最大追求的人来说，付出这些代价也是值得的。直到她在去年遭遇了婚变。

她离婚了，同时失去了收入来源。面对这种情况，她只好重新出来工作，经过了一番准备，她又做起了开一家小超市维持生计的打算。这时，她发现自己遇到了不小的问题，首先就是她现在的人脉网不足以支撑起她的创业计划。

“我不知道该怎么开口向以前的好朋友借钱，已经一年半没联系了，她们肯定把我忘了。”

“我需要学习管理方面的经验，我知道对门的格莱先生是一位大型超市的运营总监，为了避免再次失败，我很想向他请教，但几次见到他，都不知怎么开口。”

“在厨房待了两年多，我变得内向和自闭了，什么都想做，但又什么都不做，迈不开步子，就连跟陌生人说话也不好意思。”

……

这位离异妇女还讲到了许多她遇到的难题，但归纳起来，其实用一句话就可以概括：她失去了很多朋友，现在想重新找回来，但是缺乏勇气，不知从何入手。

我对她的建议是，她应该马上回家去拜访那位超市运营的管理专家。不要再想自己的困难情况，只消牢记自己是一个必须从现在就迈出第一步、第二步和无数步的创业者。

“你要这样想，我的人脉库并非一张白纸，而是五颜六色，到处都是我的朋友！我只消拿起电话联系他们，买些礼物去拜访他们，告诉他们我现在的情况，我想做什么，及他们可以给我什么帮助，拿出诚意和决心！”

她回到旧金山，就去登门拜访那位在大型超市工作的管理专家，虚心请教关于超市经营的问题。让她感到惊讶的是，事情并没有她想象中的那么困难，只要她迈出了第一步，敲开了对方的房门，一切都变得自然合理。那个人很耐心地为她解决了很多专业问题，还留下自己的工作电话，约定随时与她沟通交流。

她走访了以前的朋友，虽然看到她的出现，朋友起初有些不适应——大家都认为她会在家中过一辈子家庭妇女的生活，没料到她会离婚且重新创业。但是，人们很快就欢迎她回归这个熟悉的圈子，对她提供了许多帮助。

有时候，我们是被自己心中的魔鬼捆住了行动的手脚。当你认定一座大山无法翻越时，你就真的没有办法去跨越它。但当你鼓起勇气，以行动追求自己的目标时，即便再大的困难也会变得不难解决。

问题的关键就在于，你是否敢于去突破自己内心的瓶颈，用实际行动去证明自己在人脉场上的自信和强烈的追求。

1970年，一位年仅25岁的美国小伙子只身来到丹佛市，在第二大道租下了一套小公寓，就此开始了自己的创业生涯，这个人就是特普曼。初来乍到，特普曼不认识任何一个人，如果想要发展自己的房地产事业就要规划好每一步。因此，为了给自己的房地产事业铺平道路，他迈出了第一步，那就是让自己尽快加入丹佛市的“快乐俱乐部”。“快乐俱乐部”是社会名流和百万富翁聚集的地方，一般人连它的门都进不去。当时的特普曼还是一个无名小卒，对他来讲，要想进这样高档的俱乐部，实在是一件困难的事情。要想获得成功，他就要鼓起勇气去争取。第一次，特普曼刚报上自己的姓名，“快乐俱乐部”的电话就伴随着一声斥责被对方挂断了。但是特普曼并没有放弃，他又试着打了两次，结果还是遭到对方的嘲弄和拒绝。

“这样坚持下去，将会毫无结果。”特普曼望着电话机喃喃自语道，“我必须想个办法才行。”突然，他又拿起了电话，对方接起后，特普曼并没有急于表达自己入会的请求，而是声称将有东西给俱乐部董事长。对方一听，觉得这位客人来头不小，连忙将董事长的姓名和电话号码恭恭敬敬地告诉他。挂上电话，特普曼得意地笑了，他立即打电话给“快乐俱乐部”的董事长，并向他表明自己想加入俱乐部的心意。董事长并没有给予明确的答复，只是说如果特普曼有时间的话可以前来陪他喝酒聊天。特普曼自然满口答应了。事实证明，这次喝酒聊天，使特普曼成功地站稳了第一步。他与这位董事长建立了良好的关系。几个月后，他如愿以偿地成为“快乐俱乐部”中的一员，接下来自然遵循他的思路，结识了许多富商大贾和社会名流。

1972年，丹佛市的房地产业陷入危机，一系列的坏消息预示着当地房地产业的不景气，那些房地产商损失严重，丹佛人都开始为这个城市的命运担心起来。然而，这次的危机却意外地为特普曼带来了好运，这一次困境简直是天赐良机，从前那些他想要却没有资金拍下的好地皮，现在却以非常低的价格任特普曼挑选收购了。就在这时，特普曼的朋友给他带来一个好消息：丹佛市中央铁路公司委托维克多·米尔莉出售西岸河滨40号、50号废弃的铁路站场。

特普曼凭着自己敏锐的眼光和以往所积累下的经验大胆地下结论：房地产的不景气肯定是暂时性的，只要抓住这个好机会，赚大钱的梦想近在咫尺。第二天一大早，特普曼便主动打电话给米尔莉，表示有意买下这些铁路站场，并约定好下午在米尔莉的办公室商谈这笔买卖。风度翩翩、年轻精干的特普曼给米尔莉留下极好的印象，他们很快便达成协议：中央铁路公司以200万美元的价格把西岸河滨的那两块地皮出售给特普曼集团。

之后不久，丹佛市的房地产开始回暖，特普曼刚拍下的那两块地皮立马涨到了700万美元，于是特普曼第一次出手便从中大大地赚了一笔。

通过自己的努力和聪明的头脑，特普曼成功地积累下自己丰富的人脉资源，并为己所用，从他们那儿得到最新的消息和丰富的经验，从而挖到了来到丹佛市后的第一桶金——500万美元。这是特普曼闯荡丹佛接下的第一笔大买卖，也是他第一次独立做成的房地产生意。有了这个良好的开端，特普曼便开始了自己在美国辉煌的商业之路。

特普曼当然是一位成功人士，他之所以可以获得这样的成就，在于他走对了第一步，而且敢于迈出实质性的第一步。当他初到丹佛市的时候，他不认识任何人，也没有一个人认识他。他在这里是一个孤独的人，好像没有任何成功的机会。但他却制定了一个超越任何人想象的目标：加入“快乐俱乐部”。而且他马上就去做了，然后就结识了一些可以对其有指导意义和日后可以在生意上能给他帮助的社会名流和商业大腕，顿时拥有了雄厚的人脉资源。

被称为“美国杂志界奇才”的埃德沃·波克，小时候是一个

“苦孩子”。6岁时，波克跟着家中长辈移民到了美国，住在美国最为贫困的贫民窟，一直到长大，他一生中仅上过6年学。13岁时，由于家庭条件的原因，他再不能上学，便辍学到一家电信公司工作。

然而，波克并没有因此放弃自我，他知道自己要努力学习以改变现状，便在工作之余努力坚持自修。更为不可思议的是，波克年纪虽小，但是竟懂得经营好人际关系的重要性。

波克的经营人脉之法很是独特，他并不是简单地搞好身边的人际关系，而是利用节省下来的工钱、午餐钱，去商店买了一套《全美名流人物传记大成》。接着，他做出了一个让所有人都感到不可思议的举动：他鼓起勇气，直接写信给书中的人物，询问书中没有详细记载的童年及往事。比如他写信给当时的总统候选人哥菲德将军，问将军小时候是不是真的在拖船上打过工？他又写信给当时颇有影响的格兰特将军，询问他有关南北战争的事。

那时候的波克只有14岁，一周只有6元2角5分的薪水，就连吃饭都很困难，再加上补贴家用，根本剩不下什么钱，但是他就是凭借自己的求知欲来支撑自己去结识美国当时最有名望的诗人、哲学家、作家、大商贾、军政要员等社会名流。而那些社会名流也都乐意回信给这位勤奋的充满好奇心的波兰小难民。

更为令人惊奇的是，波克还因此获得了多位名人的接见。于是，波克决定将这些非同寻常的关系好好利用起来，改变自己的现状。他开始更加努力地学习，尤其注重学习写作技巧，然后向一些有影响力的社会名流毛遂自荐，要替他们写传记。自荐信发出后不久，波克收到的订单像雪片一样飞到他贫民窟的家，他不得不雇用6名助手来帮他写简历，而这时的波克还未满20岁。

很快，波克的大名被美国民众所熟知，而他也因为自己擅长交际，被当时知名的《家庭妇女杂志》邀请做职业编辑，并且一做就是30年。而波克，也利用自己善于交际的特长，将《家庭妇女杂志》办成了全美最畅销的杂志之一。

这些案例向我们表明的其实都是一个非常普遍的道理：一个人迈出第一步的勇气，往往来自于他内心强烈的交际欲望和对自身才华的展示。如果我们没有这种欲望，对于自己的才华缺乏自信，那么就算很多人想帮助你，你也可能因为羞于启齿，不敢提出请求，就在沉默和犹豫中失去很多宝贵的机会。最后的结果当然是：你是一个很有希望成功的人，但却没有成功。

◎内向的人应该多利用网络

在今天的信息时代，信息就是我们最大的资本，也是拓展人脉网络的根本。而在信息盛行的大的社会背景下衍生出来的人际网络，可以让我们足不出户，就能轻轻松松地启动六度人脉的拓展计划，以一种虚拟的方式为自己“抓”到更多的朋友。

互联网自它的诞生之日起，就为人们带来巨大的便利，同时被很多人脉高手利用，在上面赚了一个盆满钵满。网络不但能为我们带来无穷的人脉，还会带来巨大的商机。也正因此，不但在美国，在中国各式各样的网络公司也在此刻应运而生，成就了阿里巴巴、新浪、搜狐、百度等世界知名的大型网络公司。

在一次经理人的公关培训课中，我们专门拿出了一节课的时间讲解了“网络人脉的拓展”。我说：“网络就好比是一只八脚章鱼，每时每刻都在不停地集合与交错着。在这个过程中大量的资讯和人脉资源就源源不断地从我们的身边溜过。一个懂得通过网络经营人脉的聪明人，他就应该将对自己有利的资源采集下来，以备不时之需。”

那么，如何才能在网上搭建属于自己的人脉网络，并把它们充分利用起来，让网络资源为自己服务呢？在培训课上，我介绍了几个常用的手段和工具。这些渠道都是普通大众都在经历和使用的，但鲜有人能够意识到它们对于自己的人脉网的重要性；大多数人只是将它们作为一种休闲和打发无聊时间的工具。

★学会利用简单和即时的通信工具

也许你在读这本书的时候，就在使用诸如QQ和MSN等即时的聊天工具，大多数网民也是如此，他们每天会有十几个小时的时间跟它们打交道。它们最突出的功能就是交流，极大地方便了人们的生活；它们是快速和必不可少的交际工具，可少有人意识到它们可以为自己拓展人脉的价值，那就是对于潜在人脉和自己需要的关系的查询功能。

比如当你想结识那些从事经济贸易的人时，你可以登录QQ，在查找栏里输入“商业金融——公司——贸易”，于是，成千上万的相关从业者就会出现在你的眼前，你可以加他们为好友，选择跟其中任意一个人聊天，向他们了解相关情况，收集有用的情报，从中寻找更多的商机，或者选择自己的合作伙伴。

我的建议是，当你感觉自己在现实中存在一定的交际障碍时，那么请不要绝望，你不妨另辟蹊径，利用一下网络中的这些即时交际工具，一定会有让你意想不到的好效果。

★利用电子邮件来增进双方的感情

随着沟通技术和社会节奏的发展加快，今天人们似乎已经忽视了电子邮件的作用。有一次我问朋友：“你多久没给我发邮件了？”他一愣，然后意识到什么似的赶紧回答：“好，我晚上回家就给你发一封，给我所有的朋友都发一封。”他是那种擅长于即时联系的人，在交际沟通中，他喜欢打电话，但是你要知道，电话固然方便，通话的内容却难以记录下来，接听者可能放下电话，就已经忘掉了你在这次通话中表达的80%的内容，其中或许就包含着一些最重要的信息和你最想达到的目标。

邮件的作用这时就体现出来了，它是一种以电子为载体和手段来进行信息交换的通信方式，同时，它还拥有着书信的价值，那就是让我们的问候以一种可以方便存储的方法保存下来。相比书信，电子邮件更为廉价和快速，其准确程度也可见一斑，尤其是速度，只消几秒钟的时间，你便可以将你的信息传送至世界上任意角落的任何用户。而且，你的信息还能被保存下来，被接收方仔细阅读和重温，使其能够准确地理解你要表达的意思。

这就表明，无论你和朋友的联系是多么频繁和快捷，都不能忽视邮件能够起到的作用。我们可以设置固定的时间，在节假日定期给朋友发送问候邮件。或者，当需要阐述一些重要问题时，当我们在电话和直接会面中表达以后，别忘了将你的重要内容再以邮件的形式发送到对方的邮箱，起到有备无患的作用。

★懂得开发论坛、博客和其他网站平台的价值

这里的“论坛”并非高规格的有主办方的研讨会议，而是指各类网上论坛，也就是我们经常提到的BBS。在这里，潜藏着各种各样的人脉，他们来自不同的行业，有着截然不同的身份，背后代表的，其实就是各式各样的对你有着无穷价值的圈子。还有博客和其他的网站平台，比如微博、Facebook（脸谱）等人脉交际工具。通过运用这些平台，我们可以找到很多与自己志同道合的人，而且这种方式迅捷和简便，几乎没有成本。

在这些地方，我们很容易找到有利于自己的人脉，搜集到大量对于自己极为有利的信息和机会。比如博客，人们通常喜欢访问与自己有着相同兴趣的博客文章，阅读有价值的文章。那么平时，你就可以发表一些这方面的文章，通过博客与现实的网友进行互动，时间长了，你会发现博客其实就是一个网络上的人际圈。有时，我们甚至通过一个小小的回复，就能与现实中的某一个重要的人，实现六度的沟通。如果不是在网上，我们在现实中要达到这个目标，付出的代价可能10倍都不止。

这些基于互联网技术的沟通工具，类似于一个“看不见的聚会厅”。我们通过这些工具，能够非常快速地寻找到自己需要的人脉，卖

出产品，交流信息，会聚人气，推销自己。这些方式打破了人们常规的交际工具的限制，也在一定程度上缩短了人与人之间的距离，实现了从一度人脉到六度人脉的跨越。运用得当的话，会让很多以前在现实生活中我们根本做不到的事情变成现实，让我们广结人脉，财源滚滚，终生都受益无穷。

◎不要忽视小人脉：名片的巨大价值

对六度分割理论来说，许多看似不重要的关系在其中起到的价值往往是不可估量的。为了办成某件事，有时我们千方百计到处走关系，最后你发现帮你实现目标的不过是一个微不足道的小人物。他可能只是你楼下的一名门卫，你妻子的一位远房亲戚，你同事的一位没什么名气的朋友，但他们恰好处在关键的那个环节，能够完成你想要传达的信息和价值。

利用小人脉，我们有很多办法，不但需要你拿出诚意，愿意付出足够的精力，而且还要有对于细节的掌控能力。其中，名片的作用也许是最常见但又最容易被人们忽略的。

我也曾经因为一沓沓的名片而大伤脑筋，因为名片实在太多了，发放起来是一项重复量很大的工作，但收获又很小，或者很难在短时间内见到让我满意的收获。于是我有一段时间开始将名片放在公司，扔在家里，不再带在身上。直到有一次，当我去拜访华盛顿政界的一位参议员时，我本以为他已经看过了我的公司资料，上面记录着我和史密斯的联系电话，名片对于他们来说没有什么价值。但是我想错了。

会议结束时，这位议员起身送别时，突然又叫住我："李，请给我几张名片，我的朋友或许会用得着。"

这时我非常尴尬，只好连声抱歉："对不起议员先生，今天因为某些原因，没有将名片带在身上，我马上让人送过来。"

还好议员先生是我一位比较熟悉的客户，对我的失误并不在意。但是，如果是一位对你来说非常重要但又初次见面的潜在客户呢？就算他是微不足道的人脉，也许仍然潜藏着非常多的价值。这时，名片的作用就突显无疑了。

许多人像我一样，他们在一些正式场合，到处象征性地递上自己的名片，作为尊重对方的表示，也顺便起到推荐自己以及公司知名度的效果。但他们事后就有了这样的苦恼：名片太多了，用起来很不方便，而且占地方费时间，还不如存在电脑或手机上，直接把名片扔掉。

这样想暂时会带来很大的好处，但时间一长，他们就发现自己无形中流失掉了大量的潜在人脉。一方面，是自己不尊重名片的习惯，使得自己不擅长利用名片推荐自己；另一方面，自己也会对从名片上得到的信息不重视，从而错过了很多机会。比如现在有很多粗心的人，他们每次去参加大型聚会，后兜里都揣有各式各样的名片，可是回到公司或家里往往随手一丢，就像那些东西跟自己没什么关系一样。

可是他们不知道，此时不急彼时急，等到哪一天，你有急事找别人帮忙，而恰恰你没存对方的号码，这时才恍然大悟，意识到了那张小小名片的重要性。于是你只好发动家人或同事一起翻箱倒柜。运气好可以找得到，若运气不好的话，你就无计可施了。

所以，要想在名片上面尽可能挖掘价值，笼络那些潜在的关系，我们要做的第一件事，就是让自己养成整理名片的好习惯。千万不要小看了这一片小小的纸，它是我们的人脉中非常重要的信息载体。如果轻视了，就有可能因小失大，耽误大事。

在世界推销大师乔·吉拉德看来，名片就是一件非同小可的利器。在棒球场或者足球场上，人们经常会看见一个提着一大兜东西的男人，看不出他与别人有什么区别。只有当球场上的比赛达到高潮的时候，他才会兴奋地站起来，从兜里抓出一些纸片，大把大把地撒向空中，像雪花一样漫天飞扬。这些“雪花”就是乔·吉拉德的名片，更为令人惊奇的是这竟然真的为他销售出更多的汽车创造了很多机会。

另外，名片对于乔·吉拉德来说，就好像他的钱包，如果哪天他忘记带了，就会感觉浑身不自在。所以，就算是吃饭结账的时候，他都不忘在付小费的时候，不失时机地赠给对方一张自己的名片；而且在给人寄送信件和明信片时他也会附带上一张自己的名片。乔·吉拉德说："我在不断地推销自己，我没有将自己藏起来。我要告诉我认识的每个人，我是谁，我在做什么，我在卖什么，我要让所有想买车的人都知道应该和我联系。我坚信推销无时无刻不在进行，但是很多销售人员往往意识不到这一点。"

可以这么说，名片为乔·吉拉德持续地积累人脉资源立下了"汗马功劳"，也使乔·吉拉德赢得了空前的成功，他一生总共销售了13001辆车，最高单月销售纪录为174辆，平均每日售出约6辆车。这些纪录自他1978年1月宣布退休后，至今仍未有人能打破。

在小人脉的积累方面，一张小小的名片，就能起到如此神奇的效用。如果我们管理得当，它会是一张价值巨大的金字招牌，给自己带来丰富的无穷广泛的人脉资源；相反，如果不加以重视的话，就可能让我们失去很多潜在的关系、朋友、财源，让你在关系的积累和利用中付出惨痛的代价。

由此可见对细小的人脉来说，我们必须有一个科学和详细的管理方案，以名片为载体，谨慎地进行信息管理。

第一，当我们和他人交换名片后，请一定将和对方会面的人、事、时、地、物，详细地作一个记录，存储下关键信息。并在当天回忆一下刚刚认识的人，他叫什么名字，从事什么行业，是什么职务，在哪一个公司等等。以后每隔一段时间，我们都可以主动去个电话或发个短信、电子邮件，向对方表示关心和友好，或者不失时机地对他的特长和优点进行真诚地赞美，回忆你们相处的愉快细节，加深他对于你的了解。

第二，对于这些细小人脉的信息，我们必须进行分类管理。你可以将手中掌握的所有名片集中起来，将所有的这些关系进行归类。我们可以按照行业、地域、人脉资源的性质等等来分成若干小类，这样你就可以在最关键的时候，以最快的速度找到你最需要的人。

第三，要让自己养成经常温习这些人脉信息的习惯。在平时的工作和生活之余，翻看一下你手中的名片档案，重温一下这些人的工作和经历，分析一下你们现在的关系，然后适时地问候对方，和他常常保持联系。这样既会让对方感受到你的关心和尊重，从而对你的印象更深更好，也能起到加深双方关系的作用。“平时多烧香，急时才会有人帮”，说的就是这个道理。

第四，对信息和名片进行定期的清理。我们每隔一段时间，就有必要将这些资源作一个全面和客观的整理。我们可以依照重要性、使用概率、数据的完整性等因素来进行这项分析整理工作，将这些信息和名片大致分成三类，第一类是长期保留的；第二类是不太确定的但要暂时保留的；第三类则是确定没有必要再联系的，然后将这些信息和名片进行封存。请注意，不要销毁，只要封存放在一个可以找到的地方就可以了，因为山不转水转，不知道什么时候，我们就可能用得上。

最后，请你看一看下面的这个例子：

有一次，做教师的姚静想添置点儿文具作为奖励学生的奖品，但是大批的购买不实惠，于是就去拜访一位做行政的朋友。在说明自己的来意后，朋友拉开抽屉，拿出一本厚厚的名片夹，说："这些名片我已经做好分类，你看如果急用，可以直接找供货商老张，他有送货上门服务；如果希望价钱最低，你就自己跑到七浦路某某摊位找小陈，他会给你最优惠的价格；不要想着去超市，比较下来那里价钱最贵。"

这个案例向我们表明，即使那些送水或送复印纸的关系，我们都能在日积月累的名片信息中找到。当你需要时，便可将之转化成自己的人脉资源。这充分体现了重视名片的价值所在。也许你没有精力进行经常的维护，但从实用性来说，将这些信息分门别类，然后制成清晰的数据库还是非常必要的。

◎利用同理心

人脉有一项特质是忠诚度，获得对方的忠诚也就是对方愿意付出100%的诚意与你保持关系和合作，其中最需要的就是你得拿出自己的真诚和善意。纵观古往今来的成大事者，他们都有个共同点，懂得以心换心，待人真诚，以情动人。用三个字来总结，就是“同理心”。

从某种程度上来说，人脉经营是一种投资手段，同时它也是一种理财方式。我们在索取帮助和利用别人的同时，还要懂得付出和“被人所用”。只有这样，你的人脉才会永远忠诚于你。你需要别人的帮助，就得想到别人其实也需要你；人们之间互相需要，思考问题的方式都是一样的。所以我们有必要把自己的思路向他人靠拢，站在他人的立场，给予一颗真诚的同理心，才能得到对方最大限度的认可。

如果你满脑子的利益取向，以自我为中心，从不为他人着想，那么在与人相交时也就会处处受挫，谁还乐意让你利用，和你交朋友呢？更别说跟你合作，为你创造利益了。一个只想着利己的人，是根本不可能赢得真情实意的，更不要说得到他人的患难相助了。

★同理心助你获得认同。

它可以让对方打心眼里认同你，珍惜跟你的交情。能够真心为他人考虑，对方才会在你有难的时候主动伸出援手，助你一臂之力，帮助你在事业上左右逢源。这是一条人脉真理，也是六度分割理论的一条基本原则，更是我们将自己与他人串联起来的黏合剂。如果你懂得用自己的惊喜和感动赢得朋友对自己的忠诚，也就能在有形和无形之间将人生财富掌握在自己的手中。

哲斯顿被人们广泛地称为“魔术师中的魔术师”。这并不是说他的魔术有多么高超，而是因为在前后40年间，他曾经到世界各地一再创造幻象，迷惑观众，使世人惊讶到窒息的地步。据统计，全世界共有6000万人掏钱去看他的表演，而他更是从中赚到了近乎200万美元的纯收入，这在魔术界已然成为一个奇迹。

大多数人认为哲斯顿一定是个恐怖的魔术师，所以就有人问他这样的一个问题：“为什么你能在魔术界如此‘恐怖’呢？”结果，他的回答让人大吃一惊，完全出乎人们的意料。

他说，他之所以能够成功，与学校的教育简直毫无关系，因为他并没有上过学，在很小的时候他便离家出走，成了一名流浪者。

这其间他搭过货车，睡过谷堆，甚至沿门乞讨以求生存，识字是完全靠自己坐在车中向外看着铁道沿线上的标示。而且他说，关于魔术手法的书现在就有好几百本，而且至少有几十个人跟他懂的魔术知识一样多。他能成功，完全是因为他有一样其他人没有的东西，那就是哲斯顿自己对魔术的挚爱和对于观众的真诚，这促使他用一个又一个的惊喜和感动打动了几乎所有的观众。

大多数魔术师在面对满场观众的时候，大概都会在心里对自己说：“坐在底下的那些人都是傻子、笨蛋，我只需施展出一点儿小小的伎俩，就能把他们骗得团团转。”但哲斯顿的思维方式却完全相反。他每次面对台下的观众时，总是对自己说：“这些到场的人都值得我感激，因为只有他们来看我的表演，我才能够过上丰衣足食的美好生活。他们可以说是我人生中最好的朋友，我一定要把自己最神奇的魔术，奉献给他们。”

于是，他在开始魔术之前，就在心里不停地对自己说：“台下的那么多观众，他们真是世界上最可爱的人！”像观众一样思考，并为观众奉上他们想要的大餐，这就是他的独特之处和赢得成功的根本。

成功往往就是这样简单，只要你真诚、富有爱心。因为这一点，甚至有很多观众成为了哲斯顿的朋友，成为他取之不尽的关系资源，将他的名声推向最高峰。真诚待人和拥有一颗同理心，就是有史以来最著名的魔术师哲斯顿所遵循的秘方。

事实就是如此，只要你肯用自己的真诚和善意去浇灌你的人脉大树，让自己变得和对方一样，情理相通，心愿相连，那么它必将结出壮硕的人脉果实供你食用。不但能帮助你取得事业上的成功，而且在关系场上也会让你如鱼得水，星光闪耀，名利双收。

★换位思考可以帮助你拥有同理心，赢得人脉和实现自我！

现在很多人在自己犯了错误以后，习惯性地归罪于外因，而不是反省自己。我常在一些公司中看到两个人为了一件事情争得面红耳赤，你来我往，互不相让，大有不分出高低便不罢休之势。有时甚至能够打起来，造成两个人的关系破裂，在公司造成很恶劣的影响。人们为了一件小事非要分清谁是谁非，非要证明自己是对的，对方是错的，却不管自己的行为是否妨碍了其他员工的工作，是否中断了业务流程和给公司造成了损失。

种种此类的表现，便是缺乏同理心，不去换位思考所导致的。这与人们的习惯性思维有关，大部分人都是出了问题马上想到从外面找原因，而不是从自身找原因，更不会考虑别人的感受。这是人的自我保护的天性，但可以肯定的是，这绝不是解决问题和结交人脉的好办法。

在某公司的季度绩效考核会议上，营销部门经理A说：“最近的销售做得不太好，我们有一定的责任，但是主要的责任不在我们，竞争对手纷纷推出新产品，比我们的产品好。所以我们也很不好做，研发部门要认真总结。”

研发部门经理B说：“我们最近推出的新产品是少，但是我们也有困难呀。我们的预算太少了，就是少得可怜的预算，也被财务部门削减了。没钱怎么开发新产品呢？”

财务部门经理C说：“我是削减了你们的预算，但是你要知道，公司的成本一直在上升，我们当然没有多少钱投在研发部了。”

采购部门经理D说：“我们的采购成本是上升了10%，为什么你们知道吗？俄罗斯的一个生产铬的矿山爆炸了，导致不锈钢的价格上升。”

这时，A、B、C三位经理一起说：“哦，原来如此，这样说来，我们大家都没有多少责任了。”

这个案例向我们说明，当一个工作出现问题需要界定责任时，如果每个人都不去分析自己的问题，反而推卸责任，互相指责，结果只能是产生集体抱怨，搞坏大家的关系。如此，不但工作无法顺利开展，让客户和公司蒙受损失，对自己的利益也会造成重大的损害。

如果问题一经出现，每个人能够多从自身寻找原因，尽可能避免因为自私产生的冲突，那么经过坦诚交流、紧密协作，就能迅速将问题解决，大事化小，小事化了。不但工作可以顺利开展，你和同事的关系也能相处融洽。

★从对方角度考虑问题，才能解决问题，获得认可。

我们要想缓和工作中的人际关系，为自己积蓄更多的人脉，就必须尊重对方的立场，学会从他的角度去思考相关的问题。这要求我们一定要保持耐心，不要急于下结论，而是多听多问，审慎思量。在处理争端和纠纷的时候，静下心来，多想一想别人的感受，多问问别人的需要，结果就会积极正面得多。

美国知名主持人林可·莱特有一天访问一个小朋友，问他：“你长大后想要做什么？”小朋友天真地回答：“我要当飞机的驾驶员！”主持人接着问：“如果有一天，你的飞机在太平洋上空所有的引擎都熄灭了，你会怎么办？”小朋友想了想：“我会先告诉坐在飞机上的人绑好安全带，然后挂上我的降落伞跳出去。”

当现场观众笑得东倒西歪时，林可·莱特没有急于表态，而是继续注视着这个孩子，想看他是不是一个自作聪明的小家伙。没想到，接下来，孩子的两只眼睛含着眼泪，欲言又止。林可·莱特发现这个孩子的悲伤之情非笔墨所能形容，于是就问他：“你为什么要这么做呢？”小孩子的答案透露出了他内心真挚的想法：“我要去拿燃料，我还要回来救他们。”

这个故事其实就是在告诉我们，当我们在听别人说话的时候，不一定就真的在第一时间听懂了对方的意思。我们要保持足够的耐心，让对方把话说完，运用同理心去认真地考虑对方的真正用意，千万不要把自己的意思强加到别人说的话里面去。只有这样，才能避免误解。

所以，在和别人打交道时，我们一定要学会设身处地为对方着想，用心去思考。因为只有真正地赢得人心，你才有人脉可言，才有人脉的忠诚度可言。

◎细心就有朋友

史密斯曾经对我感叹过这样一句话：“要是男人能有女人的细心，那在人际交往中，我们获取成功就容易得多了。”

因为在交际过程中你会遇到形形色色的人，要想对其分门别类，因人而异地相处，就必须深入了解交往对象，比如对方的特点、习惯等等。这样才能因势利导，主动找出对方更乐于接受的交往方法和手段。

如此一来，与之交往，往大了说可以使交往对象更容易成为自己的朋友和人脉；往小了说，自己与人交往的能力也会显著地提高。这样一来，才更加有利于自己人脉资源的拓展和建设。

在具体的人际交往中，那些知名的成功者是怎么做的呢？当你了解到他们的经历，你就会发现专注于发现别人的优点是一件多么有意义的事情。大凡成功者，他们都有一个共同的习惯，那就是他们非常细心，极其注意去体察别人的兴趣和爱好。细心带给他们无比巨大的收获，因为在接下来的交往过程中，他们能够投其所好地采取相应的方法与对方交往。这样不但可以起到事半功倍的效果，而且往往能使原来的敌人最终成为自己的朋友。

美国有一位前总统叫富兰克林，他在年轻时曾经投资开办了一家小印刷厂，凭借自己出色的人脉交往手段，他不费什么力气便成为费城州议会的文书办事员。这样，富兰克林成功地将为议会印制文件的工作揽入自己公司，印刷厂因此获利颇多。而议会中一位很有影响的议员对此非常不满，他觉得富兰克林的做法不够光明正大，甚至公开指责富兰克林的做法是在假公济私。富兰克林当然知道对方的影响力，他知道若是这样发展下去不仅自己会丢掉这份文书的工作，就连自己的印刷厂也会岌岌可危。

权衡之后，富兰克林决定放弃强硬的对峙手段，而是采取其他方法。不仅要改变这位议员的看法，而且要让对方喜欢自己，因为只有这样，富兰克林才能既保住自己文书的工作，又能使印刷厂继续兴旺。富兰克林通过了解，打听到这位议员有藏书的习惯，而且他还藏有一本独特的书，凡是向他借书的人最终都能得到他的善待，而且会更加受到他的看重。于是，富兰克林就言辞诚恳地写了一封信，表示极欲借书一睹为快。那位议员马上叫人把书送给了富兰克林。

一星期后富兰克林把书还给议员，同时还在书中附了一封信，不仅谈了看书后的感想，还真诚地表达了自己的谢意。从此以后，议员再见富兰克林时总是会主动打招呼，也不再对富兰克林的做法加以指责，最终成为了富兰克林的挚友。

对于细节的无比重视，让富兰克林敏锐地发现了事情的转机。现实生活中，很多粗心大意的人虽然也在努力地交朋友，做了大量的工作，付出了很多的心血，但因为他们无法通过细致入微的观察来把握，就算付出了再多的成本，有时也只能收获一个不尽如人意的结果。“细心才有朋友”，这是一条我们应该当做人生座右铭的真理。

在细微之处体现出来的真情，有时往往是最能让人铭记于心的。待人接物时表现出来的细心和对他人的关爱，能够帮你赚足印象分，使人对你平添几分尊敬。

撒切尔夫人是曾经叱咤国际政坛的“铁娘子”，她在这方面就有过人之处。有一次，她正在与内政大臣一起吃饭。有位年轻的女服务员端上来了一碗热汤，在往桌上放的时候，一不小心打翻了，结果烫到了内政大臣。

面对这种情况，女服务员当然诚惶诚恐、手足无措了，她觉得自己闯了大祸，站在原地不知该怎么办。撒切尔夫人见此情况，没有任何责怪，反而起身上前拥抱了女服务员，轻声地安慰道："这个错误谁都有可能犯，你别太害怕。"然后她才回过头去安慰自己的内政大臣，告诉他这没什么。

撒切尔夫人用一个温暖的拥抱，不但让这名女服务员吃下了一颗定心丸，也还原了人与人之间最简单和最朴实的关怀，让女服务员感激不已。我们在遇到此类事情的时候，会怎么办呢？在许多场合，我都碰到过不少人，他们对人缺乏细致入微的关怀，粗心大意不说，而且还总爱苛责对方。这种待人态度，无形中就让他们失去了大量的人脉，在别人眼中留下一个不值得尊重的印象。

美国前总统乔治·布什有一次邀请几位新闻界的朋友到他的度假村野炊。来的人很多，其中有一位是某电视台的台长叫做杰克·盖利文，他的小女儿凯蒂在游泳池里游泳时，发生了点儿事故。她的一颗玩具牙齿掉进了游泳池，怎么找也找不到了，凯蒂放声大哭起来。

看到小凯蒂在哭泣，布什就停下手中的事情，过去问发生了什么事。原来，小凯蒂的玩具牙齿不见了，她不能在晚上睡觉前把牙齿放在枕头下给牙仙女了。布什随即让自己的助手拿来一张印有这个度假村图案的便笺，他选中一块区域，在上面画了个圈，然后在上面写道：“亲爱的牙仙女：凯蒂的牙齿正好落在了画圈的地方。确实如此，我保证。——乔治·布什”然后他将这张便笺送给了小凯蒂，小凯蒂读了之后，终于破涕为笑。

布什的做法让人备感温馨，因为在这一刻，他不是闻名全球的美国总统，而是一位风趣幽默的父亲。这个举动不但擦干了小凯蒂的眼泪，还让她的父亲——电视台台长盖利文感动万分。这对布什的形象无疑起到了极为正面的宣扬，他用自己的细心和对孩子的关爱，打动了这位新闻界的大佬。

你要知道，在与朋友的交往中，一些看似平凡的细节，恰恰是最打动人心的地方。因为真正能让别人记住的，有时只不过是一个微不足道的细节，它最能触动我们心灵深处那块最柔软的地方，决定或改变我们对人和事的看法与态度，这对于人与人之间的交往来说尤为重要。

◎抓住每一个帮助别人的机会

如果你是小有成就或者在某些方面拥有很强能力的人，世界上的任何人都有可能成为你的朋友，为你介绍人脉资源，继而帮助你构建丰厚而高效的人脉资源网络。但前提在于，你必须愿意“施舍”很多自己的能力和善心，真心实意地去帮助别人像你一样成功和幸福。你必须相信的是，即使你的付出没有让对方取得成功，你也会得到意想不到的收获：对方的感恩。同时还将埋下一粒潜在的机会的种子。

即使是对一个偶遇的陌生人，你给予他的帮助，也有可能在不远的某一天帮助你取得丰硕的成果，更成为你自己事业的良好开端。比如华尔道夫酒店的首任总经理的故事，他的善心和付出，让他得到了一生中最好的一次机会。

在一个风雨交加的深夜，一对老年夫妇相携走进一家饭店想要住宿，但饭店的房间早被订满了。饭店当值的夜班服务生不住地对老人表示歉意，面对客人的无奈，服务生非常热情而诚恳地说：“若是在平常，我定会送两位到别的饭店，可是那家饭店离这里较远，现在外边还下着大雨，这么晚又没有人可以替班，我不放心两位能在风雨中找到那里。我有个建议，不知两位是不是愿意委屈一下今晚暂时待在我的房间，虽然不比饭店的套房，但整体来看还是蛮干净的，而我下班后可以在办公室休息一下，明天一早再送两位去那家饭店。”

老年夫妇欣然接受了这位夜班服务生的建议，在服务生的房间住了一晚。第二天，老年夫妇到前台结账时，服务生依然十分热情，并表示：“因为昨晚两位住的房间并不是饭店的客房，所以我请示过了经理，饭店决定不收两位费用，也希望两位能原谅饭店没有空余客房给你们造成的不便。”老人非常赞赏服务生的热情周到，临走时对服务生说：“你是每个饭店老板梦寐以求的员工，或许以后我可以盖一栋饭店交由你来管理。”这位服务生真诚地笑了笑，并对老人表示感谢，而心里并没有把老人的话当真。

几年后，服务生已经将这件事忘记了，却意外收到了一份邀请函和一张去纽约的机票。邀请函上热情地邀请他到纽约去管理一家新落成的豪华饭店。服务生感到十分吃惊，但他还是去了纽约，到纽约后见到请他来的正是当年那对老年夫妇，服务生这才恍然大悟。老先生说：“我叫威廉·阿斯特，这是我盖的饭店，你是我梦寐以求的员工，希望你来为我经营。”最后，服务生欣然接受了老人的邀请。

这家饭店就是现在位于纽约繁华地区的最为知名的华尔道夫大酒店，而故事中提到的这位服务生，就是该饭店的首任总经理乔治·波特。如今，华尔道夫酒店是纽约酒店行业的标杆，凡是入住其中的客人，必定是有尊贵地位的人，现在它已成为世界各国政要造访纽约时下榻之处的首选。正是当年这位乐于助人的服务生乔治·波特，奠定了华尔道夫酒店如今的尊贵地位。

因为一次热情和善意的相助，波特先生的付出在后来得到的回报，恐怕是当初他做梦也想不到的。这让我想起了与合伙人史密斯先生的第一次相遇。当时我正在参加一场美国政治的竞选秀。具体说来，就是一些参加州议员选举的人士举办的一次政见论坛，邀请当地的社会名流和普通市民参加的慈善晚宴。作为华商俱乐部的一名成员，我也荣幸地得到了一张邀请函。

当我到达那里时，宴会正在准备阶段，还有半个小时左右才能正式开始，但参加者已经到了不少。我按照邀请函上的编号找到了自己的位置，坐下来，喝了半杯红酒，正要看看有没有熟人可以过去聊天时，发现一个陌生的美国人正在门口东张西望，他40岁左右的样子，神情焦急，可是没有人理他。

我心想，他可能遇到了什么棘手的麻烦，便走过去，用英语跟他交流："这位先生，我可以帮你什么忙吗？"

他马上惊喜地说："嗨，你是华人吗，我正好有个问题。"

我立刻说："是的，请问你需要哪方面的帮助？"

经过短暂的交流我才知道他叫史密斯，是美国政商两界十分有能力的大人物。这次他从纽约过来参加宴会，是受到了举办者的特别邀请。但是他还有一个同行的华人朋友，说好到会场之后联系的，如今时间快到了，那个人却不见踪影，不知道去了哪儿，电话也打不通。

“史密斯先生，您知道他的名字吗？”

“哦，请稍等。”史密斯拿出一张名片。我接过来一看，呀，这不正是华商俱乐部的一位成员吗。他是做进出口生意的，专门从中国大陆批发玩具到美国的各大超市。我曾经和他有过一面之缘，而且正好知道他的家庭电话。

于是，我拨通了这位华人老板的家庭电话，是他妻子接的。从她口中，我得到了他现在的消息，原来他因为一件急事，第一时间赶去了华商俱乐部，大概在一个小时后才能到达慈善晚宴，但到时还会有几个华人老板与他一同前来。

问题得到了解决，史密斯向我表示了感谢。在慈善晚宴结束的第二天，我突然接到了他主动打来的电话，问我是否乐意与他一起吃顿饭。我欣然答应，正装赴约。当我到达位于洛杉矶一家华人餐馆的包间时，那位华人老板和他的几个朋友也赫然在座。

因为我的主动出手相助，不到几天的时间，我就与史密斯先生成为了决定一起做点儿事情的密友和合伙人。我们还与多达十几名的华商达成了协议，他们愿意共同出资入股我们的公关公司。

如果在你帮助别人之前，想不到这些可能将发生的一系列积极反应，也许你的善心就会缺乏推动力。但这并不要紧，我们需要做的是将“乐于助人”化为我们的人生信仰，它必须成为一种生活的本能，不能带有任何的功利色彩。只有这样，我们才可能安心地享用它为你带来的战利品，不会因为一无所获而备感失落。

石油大王洛克菲勒也是一个喜欢帮助别人的成功者。

在一个炎热的夏日，一位衣着随便、满脸疲态的老人坐在火车站候车室内等待火车进站。

当火车进站，老人走向检票口的时候，候车室外走进一位胖胖的妇人，她提着一只大大的皮箱，往检票口走来，也许是因为箱子太重，她不得不在原地停下，大喘粗气。她看到前面的老人，便大喊道："喂，老头，快给我提下箱子，我会付小费给你！"

老人回过头，二话没说拎过箱子就朝检票口走去，但是因为疲惫，他显得有些不堪重负。上车后胖妇人履行承诺，掏出一美元给老人，老人微笑着接过。

这时，列车长走了过来，毕恭毕敬地说："您好，尊敬的洛克菲勒先生，欢迎您乘坐本次列车。如果有需要帮助的地方，我很乐意为您效劳。"

"谢谢，不用了，我只是刚刚结束了一次徒步旅行，现在我要回纽约总部。"老人客气地回答。

一旁的胖妇人惊叫起来："上帝，我竟然让洛克菲勒给我提箱子，居然还给了他一美元小费！"她诚惶诚恐地向洛克菲勒道歉，并请求洛克菲勒把一美元小费退给她。

但是洛克菲勒拒绝了妇人的请求，说这一美元是自己应得的，并且郑重地把一美元放进口袋。

在这件事情中，乍一看好像洛克菲勒并没有从中得到什么实惠，但是他在做这一系列事情的时候，已经给对方留下了非常好的印象，对方再将洛克菲勒乐于助人、和蔼可亲的形象传播出去，自然而然就会有一些有创意但却缺乏资金的人愿意找他合作。洛克菲勒便能够利用这些自己找上门来的人脉资源，去开拓更多的生财平台，为自己创造更多的财富。

在经理人的人脉公关培训课上，我经常会举到他的例子。因为洛克菲勒的威名是如此之盛，以至于他做什么，人们就愿意追随他去做什么。人们总是跟随成功者的步伐，大到他的生意经，小到他的生活习惯，还有他处事待人的态度。学习这些成功者的优秀品质，似乎就能帮助自己也获得成功。但我经常提醒的是，与其将他们周转资金的手段学到手，倒不如吸收他们那些在生活中平易近人的模范品质，因为正是这些优秀的品质，让他们得到了最大限度的人脉支持，从而为自己增加了无穷的关系力量。

◎认识自己，才能锁定人脉

六度人脉具有很强的双面性特质，它既是对外的动态经营的过程，又是对内的定位和提升的心灵修炼。在本书中，我们通过对所有的人脉概念的总结，最终向读者提出的是，如果你想拥有如鱼得水的人际关系，就一定不要忽视自我心灵修炼的重要性。

如何认识自己？首先，在复杂多变的关系场上，你不要失去自我。保持自己的个性，才能让你突显价值。

人们为了争取一些强势人脉的支持，跟他们牵上线，搭上关系，有时会不由自主地失去自己的个性，过于迁就对方的需要，委曲求全。付出不可谓不大，但结果往往让人大失所望。“你跟谁交往，就有什么样的关系网。”从某种意义上来说，这句话其实只对了一半。另一半是，在你交往的对象面前保持个性，才会直接决定着你事业的成败和人生的走向。

在与人脉对象交往时，他们会在不知不觉间影响到你的价值观和判断力。如果对方足够成功，他的经历和对事物的看法，更会强势地同化掉你现在的思维，让你成为他的跟随者。

也就是说，如果对方是一个通过拜金主义获得名声的人，那么你奉行的准则，久而久之也将变为“金钱至上”。这并不是说你失去了判断是非的能力，而是他的成功迷惑了你，让你误以为这就是成功所需要的素质。

但是你依然没有成功，这些人脉对你并没有产生积极的影响。相反，他们起到了一定程度的负面作用，使你更加困惑。就算交到的朋友再有分量，对你的人生和事业的帮助也不大，你还是困在人生的泥潭中不可自拔，找不到光明的出口。

假如你身边的朋友都是一些充满陋习的人，在他们面前你如何保证不受其污染？你看重的是他现在的成功身份，但假如他是一个失败者，你还愿意继续和他们在一起吗？肯定不会的。这就是问题所在。千万不要被对方的辉煌身份迷蒙了双眼，失去了自己内心判断是非对错的标准。

因此，我要求你时时刻刻检查自己的人脉资源。这很有必要，只有这样才能保证你的人脉网始终呈现良性健康的状态。

如何检查自己的人脉网？我列出一些问题，供你们用来自问：

> 平时，我和谁在一起的时间更多一些？
>
> 跟谁在一起共事合作，对我更有利和更有帮助？
>
> 我的人脉库中的这些成员会对我的人生和事业产生怎样的

影响？

他们提供给我的信息是正面的还是负面的，是消极的还是积极的？

如果继续同他们深入交往下去，我将能取得怎样的成绩，是一无所成还是大有收获呢？

当你经常反问自己这些问题并进行理性分析时，你在交朋友的时候就会清醒很多，对于朋友的认识也会理性得多。你就能拿出充足的时间和空间进行对比：我是什么样的，我的朋友是什么样的？然后得出一个正确的结论：我并不需要为了得到朋友的青睐而改变自己，我要保持自己的个性，因为这是我的人脉价值的基础。

这样一来，你就可以节省下更多的时间，将之分配给其他有用的朋友。明白哪些朋友需要花费大量时间和精力来培养和维护，哪些人对你来说根本交不得，把他们分好类，然后对不合适的关系进行疏远，或者把他们从自己的人脉名单中剔除。这样你就能在维系关系的同时，还能轻松地活出自我，放松身心。

其次，你要时常审视自己的心灵，看看自己的优点和缺点是什么，并制订提升的方案，坚持不懈地让自己变得更加优秀。

你要看自己在交际的过程中，在一个长期的被潜移默化的阶段内，自己被外界影响成了什么样子，是好了还是坏了，是进步了还是退步了，是变强大了还是变得更加畏首畏尾了。当你发现自己处于糟糕的状态时，请不要欺骗自己，应该勇敢地将目前的强项和弱点列出来，认清自己，看看是什么在左右你的发展，是什么在支配着你的行为。对于这些，我们都要做到心里有底，逐步解决。

在20年前，当我从长江实业集团离职，准备自己创业的时候，我当时深刻地意识到了自己人脉的缺乏。虽然我得到了资金，但关系网的薄弱让我的创业之路艰辛无比。为了拓展人脉，在一天夜里，我在阳台上走来走去，难以静心，足足抽掉了半盒烟。

太太不想打扰我，但还是走过来问我：“维文，你遇到了什么棘手的事情吗？”

我郑重地说：“是的，我想自己现在是什么样子呢？”

太太很惊讶地凝视了我一会儿，发现我并不是开玩笑，就默默地走回卧室了。

没错，我用了一晚上的时间对自己的身体和心灵进行检查。我要知道自己是一个什么样的人，在朋友眼中有多少价值，适合做什么，最后应该怎么做。凌晨时分，我在一张纸上写下了这一夜的成果：

我较为内向沉默，但善于思考；

我有出色的一线销售经验，在香港小有名气；

至少有一家银行相信我，这是我的资历；

我的表达能力不是太强，但我内在的优良品质容易取得他人的信任；

我不喜欢做销售，更倾向于做生意；

我想结识一些商场上的能提供直接客户给我的关系。

当我对自己作出了这些评价和认识后，我就开始清理和优化自己的人脉网，制订详细的交际计划，制定了两个最基本的原则，使自己拿出恒心去坚持，直到成功。

1. 我应该将时间花在合适的人身上。那些不合适的人，我不需要理会，或者至少不能投入额外的精力，我应该把他们归入备选和次要梯队，节省时间提高效率。

什么样的人才是合适的呢？请参看我对自己的分析：能够提供直接客户给我的人，就是那个阶段我最需要的人脉。因为我刚融到了一笔钱，初次涉及商场。没有什么是比客户更加宝贵的资源了！这就是认识自己带来的好处，它会让我们变得务实高效，不走弯路，不虚荣不浮夸，不脱离实际。我们要看自己当前的目标和任务是什么，然后再去寻找相应的人脉。那些凡是能使你向着有利方向发展的，便是合适你的人，对于这些人，我们要花费时间和心思使他们留在你的人脉中。

认识自己，可以让你在每个阶段都能结交到对你的事业发展有帮助的人，并努力和他们融洽地相处。

2. 我需要不断地优化自己的人脉网。对于过去和现在的关系，我要进行一个基本的归类，哪些是更成功的人，哪些是和我一样正准备成功的人，还有哪些是失意和缺乏价值的人。把他们贴上标签，分别放在不同的“档案夹”。

做好分类以后，我们就能进行对比——将自己与成功者进行对比，看看自己还有哪些缺陷与不足；将自己与失败者进行对比，看看自己有哪些优势，需要从中吸取哪些经验教训。去结交那些比你更成功的人，以及那些你认为与他们在一起会使你受益匪浅的人，确立主攻方向，主动靠近强势和优质人脉，从而帮助你缩短与他们之间的距离。

如此这般，当你充分认识了自己以后，不断提升自己的心灵，修炼内在的品质，你的人脉网才能够变得健康向上，以良性的状态向前发展，你也会在这些成功的思想和极具人生意义的行为规则的指引下，变得越来越完美和越来越成功。

剖析与提升自己，让自己拥有成功的思想，然后再去展示自己的成功。这正是本书的宗旨所在，也是六度人脉理论的核心价值观。

图书在版编目（CIP）数据

六度人脉 / 李维文著 . —长沙：湖南文艺出版社，2012. 6
ISBN 978-7-5404-5512-5

Ⅰ. ①六… Ⅱ. ①李… Ⅲ. ①人际关系学－通俗读物 Ⅳ. ①C912.1-49

中国版本图书馆 CIP 数据核字（2012）第 065566 号

上架建议：励志 /成功心理学

六度人脉

著　　者：李维文
出 版 人：刘清华
责任编辑：丁丽丹　刘诗哲
监　　制：一　草
特约编辑：李吉军　刘　霁
版式设计：张丽娜
出版发行：湖南文艺出版社
（长沙市雨花区东二环一段 508 号　邮编：410014）
网　　址：www.hnwy.net
印　　刷：北京嘉业印刷厂
经　　销：新华书店
开　　本：880mm × 1270mm　1/32
字　　数：190 千字
印　　张：9
版　　次：2012 年 6 月第 1 版
印　　次：2013 年 4 月第 3 次印刷
书　　号：ISBN 978-7-5404-5512-5
定　　价：32.80 元
（若有质量问题，请致电质量监督电话：010-84409925）